北京外国语大学"新经典"高等院校非通用语种专业系列教材
北京外国语大学资助出版教材

总主编　王定华

新|经|典
塞尔维亚语
综合教程 2

姚杰／编

外语教学与研究出版社
北京

图书在版编目（CIP）数据

新经典塞尔维亚语综合教程. 2 / 姚杰编. -- 北京：外语教学与研究出版社，2023.1
北京外国语大学"新经典"高等院校非通用语种专业系列教材 / 王定华总主编
ISBN 978-7-5213-4196-6

Ⅰ. ①新… Ⅱ. ①姚… Ⅲ. ①塞尔维亚-克罗地亚语-高等学校-教材 Ⅳ. ①H747

中国版本图书馆 CIP 数据核字（2022）第 257458 号

出 版 人　王　芳
策划编辑　崔　岚　李　丹
责任编辑　张雪梅
责任校对　孙纪晓
封面设计　彩奇风
版式设计　孙莉明
出版发行　外语教学与研究出版社
社　　址　北京市西三环北路 19 号（100089）
网　　址　http://www.fltrp.com
印　　刷　北京捷迅佳彩印刷有限公司
开　　本　787×1092　1/16
印　　张　15
版　　次　2023 年 1 月第 1 版　2023 年 1 月第 1 次印刷
书　　号　ISBN 978-7-5213-4196-6
定　　价　70.00 元

购书咨询：（010）88819926　电子邮箱：club@fltrp.com
外研书店：https://waiyants.tmall.com
凡印刷、装订质量问题，请联系我社印制部
联系电话：（010）61207896　电子邮箱：zhijian@fltrp.com
凡侵权、盗版书籍线索，请联系我社法律事务部
举报电话：（010）88817519　电子邮箱：banquan@fltrp.com
物料号：341960001

北京外国语大学
"新经典"高等院校非通用语种专业系列教材

总 主 编： 王定华
副总主编： 孙有中　　丁　超

编辑出版委员会

主　　任： 张文超　　徐建中
委　　员（按姓氏笔画排序）：

苏莹莹　　李洪峰　　李　颖　　李　丹　　张　剑
林温霜　　柯　静　　顾佳赟　　常福良　　崔　岚
戴桂菊

顾问委员会

（按姓氏笔画排序）

王文斌　　文秋芳　　史铁强　　张　宏
陆蕴联　　郑书九　　钱敏汝　　傅　荣

总　序

国之交在于民相亲，民相亲在于心相通。近些年，随着"一带一路"倡议的提出和不断推进，我国的国际交往日益增加，而我国人民和世界各国人民心相通的一个重要前提条件就是具备相应对象国的国家语言能力。只有语言相通、文化相通，才能实现真正意义上的民心相通。在此大背景下，我国对于外语人才的需求日益多元化，掌握通用语种的人才固然重要，而通晓非通用语种的人才更为需要。

北京外国语大学一直是国内开设外语语种最多的高校。近年来，按照2015年教育部印发的《关于加强外语非通用语种人才培养工作的实施意见》，北外对培养国家急需的非通用语种人才又进行了周密安排。截至2019年，北外共获批开设101个外语语种，覆盖了全世界与中国已建交国家和地区的官方语言或主要使用语言。在培养符合国家和社会需要的复语复合型、高层次、国际化外语人才、开展国别和区域研究以及智库建设方面北外也取得了显著进展。

外语教育的根本是培养高素质人才，围绕人才培养，除了专业建设、课程设置和教师发展，还要加强教材建设。非通用语种人才培养在专业上都是零起点教学，基础阶段的教学质量极其关键。北外确定的培养兼具中国情怀与国际视野，外语水平与跨文化交际能力出众、具备国别和区域研究知识、通晓国际规则、具有较高人文素养和综合能力的非通用语人才培养目标也要通过高质量的师资使用高质量的教材进行教学来实现。北外非常重视非通用语种教材建设。截至2019年，由北外教师编写并在外研社出版的非通用语种教材涵盖28个语种，出版数量共计200余本，囊括基础阶段的精读课程和听、说、读、写等技能类课程以及高年级阶段的翻译、文化、文学、经贸等知识类课程。同时，教材出版形式、教材内容建设以及教材体系不完善等情况距离当今培养高质量非通用语种人才的需求也存在不小的差距。随着信息技术的飞速发展，原有的教材编写体系和呈现方式亟待改变，非通用语种教材建设面临新的机遇和要求。由此，北京外国语大学组织编写"北京外国语大学'新经典'高等院校非通用语种专业系列教材"，以满足国家和学校人才培养的需求。

在新时代，北外将在深入开展教学研究的基础上，根据人才培养方案、课程体系和教学大纲的要求组织编写符合语言学习规律，符合时代要求，适合中国学习者特点，规范、实用的非通用语种系列教材，满足北外以及国内其他高等学校对于非通用语种本科阶段的教学需求。我们聘请了北外教材出版研究领域的多位专家以及欧洲语言文化学院、亚非学院、西葡语学院、俄语学院、英语学院的教学负责人共同参与系列教材的选题策划以及质量审核工作。本系列教材的编写者既有教学经验丰富的老专家，也有近年来崭露头角的中青年教师。"北京外国语大学'新经典'高等院校非通用语种专业系列教材"以培养人才、引领教学、服务社会为宗旨，以打造高质量教材为原则，从基础阶段综合语言训练型教材着手，按照教学规律、课程设置和教学体系有序编写；力图打造语言规范、地道鲜活，内容与时俱进的系列教材。从装帧设计上，基础阶段的语言综合训练型教程将以全彩的崭新面貌问世，改变以往非通用语种教材陈旧的面貌，满足新时代外语学习者的学习需求。

国民多则用语广，国家强则外语通。语言是人类进行各种交流和社会交往的工具，也是其使用者民族文化和历史的载体。掌握包括非通用语种在内的多种语言有利于在对外交往中真正做到沟通世界各国文化、实现民心相通。我们希望"北京外国语大学'新经典'高等院校非通用语种专业系列教材"能够推出精品，以高质量的教材服务全国非通用语种老师和同学们。

王定华
北京外国语大学党委书记、教授
2019年6月26日

PREDGOVOR
前　言

　　塞尔维亚语属印欧语系斯拉夫语族南部斯拉夫语支，是塞尔维亚共和国的官方语言、波斯尼亚和黑塞哥维那的官方语言之一。

　　塞尔维亚语曾被称为塞尔维亚-克罗地亚语，是南斯拉夫社会主义联邦共和国（以下简称"前南"）的官方语言。前南于20世纪90年代初解体，如今，其境内的原六个共和国已分别成为独立的主权国家。在解体之前，塞尔维亚语和克罗地亚语曾经被视为同种语言的不同叫法，在塞尔维亚共和国被称为塞尔维亚-克罗地亚语，而在克罗地亚共和国被称为克罗地亚-塞尔维亚语，它同时也是波斯尼亚和黑塞哥维那共和国（以下简称"波黑共和国"）、黑山共和国的官方语言之一。随着前南一分为六，塞尔维亚-克罗地亚语或克罗地亚-塞尔维亚语，这种同一语言的不同叫法已不复存在，取而代之的是塞尔维亚语和克罗地亚语，而在波黑共和国则称其为波斯尼亚语，在黑山共和国称其为黑山语。

　　《塞尔维亚-克罗地亚语》（1—4册），是国内唯一正式出版的塞尔维亚-克罗地亚语教材，它由北京外国语学院（现在的北京外国语大学）塞尔维亚-克罗地亚语教研室编写，并于20世纪80年代末90年代初出版。随着前南的解体，该部教材无论是在语言的名称上还是教材的内容上都已经与当前语言对象国的国情不符，编写和出版新的塞尔维亚语教材迫在眉睫。

　　《新经典塞尔维亚语综合教程1》于2021年4月由外语教学与研究出版社出版发行，并且已经在北京外国语大学塞尔维亚语专业本科一年级教学中使用。按照课程体系的设置和教学大纲的要求，《新经典塞尔维亚语综合教程2》延续了第一册的单元结构，供一年级下学期和二年级上学期前几个教学周使用（取决于授课教师的教学进程）。

在"一带一路"倡议和中国-中东欧国家合作机制下，塞尔维亚成为在中东欧地区与中国开展合作最紧密的国家并且也是与中国保持最友好关系的国家之一。近些年，国内有五所以上高校先后开设了塞尔维亚语专业，这部教材也为这些学校的塞尔维亚语专业基础阶段教学提供了参考，除此之外，这部教材也适用于有志于自学塞尔维亚语的学习者，因此适时地填补了国内塞尔维亚语教材的空白。

为便于基础阶段学习，本教材仍然采用拉丁字母编写，在充实内容的同时兼顾到难度循序渐进，题材内容涵盖了日常生活、学习及一般社会文化题材范围内最常用的词语和句式。

本册教材编写依托原则为：课文内容真实、规范、题材丰富，注解详细，语法系统。每单元练习和作业内容与单元主题及语法现象密切关联，其中增加了题量和口语对话练习题。

本册教材共15个单元，每单元基本围绕一个主题，包含对话或短文形式的A、B两篇课文。除课文外，每单元包括词汇和表达、课文讲解、语法知识、练习、家庭作业和社会·文化点滴六部分。第一单元至第五单元主题内容有天气、地理、交通旅行、教育、运动；语法内容有带前置词和不带前置词的名词工具格、集合名词、以辅音结尾的阴性名词、物主形容词、动词完成体和未完成体、动词命令式和假定式。第六单元至第十单元主题内容有动物、贝尔格莱德历史、城市景点、历史人物、传统节日；语法内容有集合数词、名词派生、现在时和过去时副动词、被动语态。第十一单元至第十五单元主题内容有住房、婚姻与家庭、饮食、穿着服饰、身体健康与休闲运动；语法内容有形容词确定式和非确定式、动名词、直接引语和间接引语、无人称句、完成体和未完成体动词的派生、复句中的连词。本册教材生词量约1000词，学生可以围绕不同主题，用所掌握词汇和基本语法知识，展开读、说、写、译方面的基本练习，初步掌握塞尔维亚语综合运用能力。

在编写过程中，编者参考了现有的塞尔维亚语对外教学素材。北京外国语大学塞尔维亚语专家娜达莎·拉多萨夫列维奇（Nataša Radosavljević）对教材外文部分进行了审阅和修改，在此向她致以谢意。本册教材中疏忽错漏在所难免，祈望各位同仁不吝指正。

姚 杰

2022年10月

SKRAĆENICE
缩略语表

塞语缩写	词性	塞语
br.	数词	broj
gl.	动词	glagol
gl. im.	动名词	glagolska imenica
im.	名词	imenica
jd.	单数	jednina
m.	阳性（名词）	muški
mn.	复数	množina
nesvrš.	未完成体（动词）	nesvršeni
povr.	反身（动词）	povratni
predl.	前置词	predlog
prid.	形容词	pridev
pril.	副词	prilog
red. broj	序数词	redni broj
s.	中性（名词）	srednji
svrš.	完成体（动词）	svršeni
uzv.	感叹词	uzvik
vezn.	连词	veznik
zam.	代词	zamenica
zb. im.	集合名词	zbirna imenica
ž.	阴性（名词）	ženski

INDEKS
目 录

PRVA JEDINICA	**1**	**OLIMPIJADA** 第一单元　奥林匹克运动	**001**
DRUGA JEDINICA	**2**	**SAOBRAĆAJ** 第二单元　交通	**013**
TREĆA JEDINICA	**3**	**OBRAZOVANJE** 第三单元　教育	**027**
ČETVRTA JEDINICA	**4**	**KLIMA I GEOGRAFIJA** 第四单元　气候和地理	**041**
PETA JEDINICA	**5**	**PUTOVANJE I IMENA MESTA** 第五单元　旅行和地名	**055**
ŠESTA JEDINICA	**6**	**ŽIVOTINJE** 第六单元　动物	**071**
SEDMA JEDINICA	**7**	**KALEMEGDAN I BEOGRAD** 第七单元　卡莱梅格丹与贝尔格莱德	**085**
OSMA JEDINICA	**8**	**ISTORIJSKE LIČNOSTI SRBIJE** 第八单元　塞尔维亚历史人物	**099**
DEVETA JEDINICA	**9**	**TRADICIONALNI PRAZNICI** 第九单元　传统节日	**113**

DESETA JEDINICA	**10**	**ZNAMENITOSTI BEOGRADA** 第十单元　贝尔格莱德景点	**127**
JEDANAESTA JEDINICA	**11**	**KUĆA I STAN** 第十一单元　住房	**143**
DVANAESTA JEDINICA	**12**	**BRAK I PORODICA** 第十二单元　婚姻与家庭	**157**
TRINAESTA JEDINICA	**13**	**ZDRAVA ISHRANA** 第十三单元　健康的饮食	**171**
ČETRNAESTA JEDINICA	**14**	**ODEVANJE** 第十四单元　穿着	**185**
PETNAESTA JEDINICA	**15**	**ZDRAVLJE I REKREACIJA** 第十五单元　身体健康与休闲运动	**201**

ABECEDNI REČNIK　　　　　　　　　　　　　　　**215**
总词汇表

OLIMPIJSKE IGRE

Svake četvrte godine sportski amateri iz celog sveta okupljaju se u gradu koji Međunarodni olimpijski komitet (MOK) odredi za domaćina Olimpijskih igara. Sportisti se takmiče u raznim disciplinama. Takmičenja prate hiljade ljubitelja sporta, a pored TV-ekrana milioni gledalaca. Pobednici kao nagradu dobijaju medalje: zlatnu, za prvo mesto, srebrnu, za drugo mesto, bronzanu, za treće mesto.

Prema grčkoj legendi, Olimpijske igre osnovao je Herkul, Zevsov sin. Najstariji podaci govore o igrama koje su održane 776. godine pre naše ere u Olimpiji, gradu na Peleponezu. Po ovom gradu igre su dobile ime.

Prve moderne Olimpijske igre održane su u Atini od 5. do 14. aprila 1896. godine. Sportisti iz trinaest zemalja su se takmičili u devet disciplina. To su: atletika, biciklizam, dizanje tegova, gimnastika, rvanje, streljaštvo, tenis, veslanje i Maratonska trka, koja je bila najvažnije takmičenje. Takmičari su trčali stazom koja je bila duga 42 kilometra.

Pet raznobojnih Olimpijskih krugova, koji se nalaze na zastavi Olimpijskih igara, simbolično predstavljaju pet kontinenata. Plavi krug predstavlja Evropu, crni krug predstavlja Afriku, žuti krug predstavlja Aziju, crveni krug predstavlja Ameriku, a zeleni predstavlja Australiju. Olimpijska vatra se pali u Olimpiji i odatle se prenosi u mesto gde se održavaju takmičenja. Tamo gori na stadionu za vreme Igara.

Peking je prvi grad na svetu koji je bio domaćin i Letnjih i Zimskih olimpijskih igara.

NOVE REČI I IZRAZI
词汇和表达

amater *m.*	业余爱好者	rvanje *s.*	摔跤
okupljati se *-am nesvrš.*	集合，聚集	streljaštvo *s.*	射击
međunarodni, *-a, -o prid.*	国际的	tenis *m.*	网球
olimpijski, *-a, -o prid.*	奥林匹克的	veslanje *s.*	划船
komitet *m.*	委员会	važan, *važna, -o prid.*	重要的
odrediti *-im svrš.*	指定，确定	takmičar *m.*	参赛者
domaćin *m.*	东道主；主人	trčati *-im nesvrš.*	跑步
sportist(a) *m.*	运动员	staza *ž.*	跑道；道路
takmičiti se *-im nesvrš.*	比赛；竞争	raznobojni, *-a, -o prid.*	各种颜色的
disciplina *ž.*	项目；纪律	krug *m.*	环；圆圈
takmičenje *s.*	比赛	zastava *ž.*	红旗
pratiti *-im svrš.*	关注；陪同	simbolično *pril.*	象征性地
ljubitelj *m.*	爱好者	kontinent *m.*	大洲
TV-ekran *m.*	电视荧光屏	Evropa *ž.*	欧洲
gledalac *m.*	观众	Afrika *ž.*	非洲
pobednik *m.*	胜利者	Azija *ž.*	亚洲
nagrada *ž.*	奖励，奖金	Australija *ž.*	大洋洲
dobijati *-am nesvrš.*	得到，获得	vatra *ž*	火炬；火
medalja *ž.*	奖牌	paliti *-im nesvrš.*	点燃
zlatan, *zlatna, -o prid.*	金的	odatle *pril.*	从那里
srebrn, *-a, -o prid.*	银的	prenositi *-im nesvrš.*	传递；转移
bronzan, *-a, -o prid.*	铜的	održavati *-am nesvrš.*	举行
legenda *ž.*	传说，传奇	goreti *gorim nesvrš.*	燃烧
osnovati *osnujem svrš.*	建立；创建		
podatak *m.*	资料	dizanje tegova	举重
održan, *-a, -o prid.*	举行的	Maratonska trka	马拉松赛跑
Olimpija *ž.*	奥林匹亚（地名）	Zevsov sin	宙斯之子
Peleponez *m.*	伯罗奔尼撒（地名）	pre naše ere	公元前
atletika *ž.*	田径	Letnje olimpijske igre	夏季奥林匹克运动会
biciklizam *m.*	自行车赛	Zimske olimpijske igre	冬季奥林匹克运动会
gimnastika *ž.*	体操		

NAPOMENE
课文讲解

1 Olimpijske igre，igra原意是游戏，当表示运动会时只用igra的复数形式igre。

2 dizanje tegova，意思是"举重"，dizanje是由动词dizati派生的动名词，tegova是tegovi的第二格，修饰dizanje；teg意思是秤砣，砝码，当teg表示杠铃或哑铃时只用它的复数形式tegovi。

3 svake četvrte godine，词组用第二格表示时间，意思是"每隔四年"。

4 ... u gradu koji Međunarodni olimpijski komitet odredi za domaćina Olimpijskih igara. koji是关系代词，在这里代grad，odrediti ... za ... 后面都接第四格，意思是"把……指定为……"。

5 Po ovom gradu igre su dobile ime. dobiti ime po ... 后面接第七格，意思是"以……而得名"。

6 Takmičari su trčali stazom ... stazom是staza的第六格（工具格），表示地点、范围。

7 odatle se prenosi u mesto gde ... gde是连词，在复句中连接主句中表示地点的词，在这里连接mesto。

8 ... za vreme Igara. igara是igra的复数第二格，za vreme ... 后面接第二格，意思是"在……期间"。

TEKST B
课文B

SPORT

Sport je za nekoga zanimanje, za nekoga zabava, a za nekoga rekreacija. O sportu svi razgovaraju i razmišljaju: i sportisti, i političari i obični ljudi.

U Srbiji ljudi mnogo vole sport. Naročito su omiljeni sportovi sa loptom: košarka, odbojka, rukomet, vaterpolo i fudbal. Srpski sportisti su imali najveće uspehe u tim sportovima. Osvajali su titule šampiona i medalja širom sveta. Crvena zvezda je bila šampion sveta u fudbalu 1991. godine. Na utakmici u Tokiju pobedili su tim iz Čilea sa rezultatom 3:0.

"Plavi" košarkaši, rukometaši i vaterpolisti su bili prvi na Olimpijskim igrama, u Evropi i na svetu. Srpski teniser Novak Đoković je jedan od najboljih tenisera na svetu. Godine 2018. je osvojio 14. grend slem titulu na US Openu. Postao je i prvi Zlatni masters u istoriji pošto je osvojio sve turnire iz svih devet ATP Mastersa. Zahvaljujući njima, mnogi mladi u Srbiji su počeli da se bave sportom. Godinama košarka i fudbal imaju odlične igrače i trenere.

"Plavi" - srpska reprezentacija je nosila plave dresove.

NOVE REČI I IZRAZI
词汇和表达

zanimanje s.	职业	**odbojka** ž.	排球
zabava ž.	娱乐	**rukomet** m.	手球
rekreacija ž.	休闲运动；消遣	**vaterpolo** m.	水球
razmišljati -am nesvrš.	考虑，思考	**fudbal** m.	足球
političar m.	政治家	**uspeh** m.	成功
naročito pril.	特别地	**osvajati** -am nesvrš.	获得
lopta ž.	球	**šampion** m.	冠军
košarka ž.	篮球	**tim** m.	队，队伍

Čile *m.*	智利	trener *m.*	教练
košarkaš *m.*	篮球运动员	reprezentacija *ž.*	国家代表队
rukometaš *m.*	手球运动员	nositi *-im nesvrš.*	穿；拿
vaterpolist(a) *m.*	水球运动员	dres *m.*	队服
odličan, *odlična, -o prid.*	优秀的		
teniser *m.*	网球运动员	širom sveta	世界各地
osvojiti *-im svrš.*	获得	Crvena zvezda	红星（俱乐部）
pošto *vezn.*	因为，由于	grend slem	（网球）大满贯赛事
titula *ž.*	头衔；冠军	US Open	美国网球公开赛
istorija *ž.*	历史	Zlatni masters	（网球）"金大师"
turnir *m.*	巡回赛	ATP Masters	男子网球职业联合会大师赛
baviti se *-im nesvrš.*	从事	zahvaljujući	鉴于……，感谢……

NAPOMENE
课文讲解

1 O sportu svi razgovaraju i razmišljaju. razgovarati和razmišljati是不及物动词，后面不能直接跟宾语第四格，需要加前置词o接第七格，表示谈论或考虑关于……的事情。

2 Naročito su omiljeni sportovi sa loptom. sportovi sa loptom, sa后面跟第六格，是第六格（工具格）表示特征或特点的用法，修饰sportovi，指球类体育运动。

3 Na utakmici u Tokiju pobedili su tim iz Čilea sa rezultatom 3:0. Tokio和Čile是外来词，虽然以-o和-e结尾，但不是中性名词而是阳性名词，所以第七格变化同以辅音结尾的阳性名词，u Tokij-u（Tokio变化特殊，o < j）和u Čile-u，如第二格变化为iz Tokij-a和iz Čile-a。sa rezultatom是sa后面接第六格表示方式、用法，意思是"以……成绩"，3:0读为tri prema nula。

4 "Plavi"代指塞尔维亚国家代表队，蓝色是塞尔维亚国家队队服的颜色。

5 Zahvaljujući njima ... zahvaljujući是动词zahvaljivati的现在时副动词形式，在这里起前置词的作用，意思是"鉴于……"，后面接第三格。

GRAMATIKA
语法知识

1. 第六格，也称为工具格，分为不带前置词和带前置词两种用法。
   带前置词s(a)的用法：当后面接表示有生命的词或词组时，意思是"和……一起"，如：Idem s tobom.（我和你一起去。）当后面接表示无生命的词或词组时有不同的意思，如：sportovi sa loptom表示主体词sportovi的特点，指球类运动；Na utakmici u Tokiju pobedili su tim iz Čilea sa rezultatom 3:0, sa rezultatom表示方式，表示在比赛中他们以3：0的成绩获胜。
   不带前置词用法：除了表示乘坐某种交通工具和使用某种工具的用法外，有些动词直接要求其客体用第六格，如：baviti se sportom（从事体育），upravljati školom（管理学校）。不带前置词第六格还可以表示地点或时间，如：Takmičari su trčali stazom ..., stazom意思是"在跑道上"；Godinama košarka i fudbal imaju odlične igrače i trenere. godinama的意思是"多年以来"。
2. 动名词是在动词被动形动词的基础上加上后缀-je构成，如：čitati-čitan+je→čitanje，dizati-dizan+je→dizanje。作用相当于名词，词性为中性名词。
3. 一部分名词在词干上加后缀-ski可派生出物主形容词，如：sport-sport+ski→sportski，Srbija-srb+ski→srpski，Kina-kin(e)+ski→kineski。这类形容词词尾为-i，所以单数和复数形式相同。

练习

1 Napišite i kažite čime se sada bavite, čime ste se bavili i čime želite da se bavite.

sport, fotografija, film, kuća, rukomet, muzika, politika, fudbal,
skijanje, odbojka, košarka, biznis, pozorište, tenis, informacija

Bavim se ...   Bavio (-la) sam se ...   Želim da se bavim ...
Ne bavim se ...   Nisam se bavio (-la) ...   Ne želim da se bavim ...

Kažite:
- Kad ste počeli da se bavite i zašto?

- Zašto se više ne bavite?
- Zašto želite da se bavite?

2 **Završite rečenice kao u primeru.**

Ljudi se bave sportom .... (vekovi)
Ljudi se bave sportom vekovima.

1. Šetao sam .... po gradu. (sati)
2. Bila sam bolesna i .... nisam išla na fakultet. (dani)
3. Radio je .... ali nije završio posao. (meseci)
4. .... Idemo u školu. (godine)
5. Studenti su imali odmor .... (nedelje)

3 **U kojim sportovima vaši timovi i sportisti imaju najviše uspeha?**

4 **Sastavite rečenice za fudbalsku utakmicu sa sledećim rečima.**

| gol | igrati | sudija | lopta | pobediti | rezultat |
| dres | igrač | noga | ruka | subota | nedelja |

5 **Izaberite odgovarajuću glagolsku imenicu i dopunite rečenice kao u primeru.**

igranje, putovanje, skijanje, takmičenje, predavanje, kuvanje, učenje, plivanje

trčati→trčanje
Volim da trčim. Trčanje je moj omiljen sport.

1. Moj drug odlično pliva. .... je zdravo za celo telo.
2. Ona predaje istoriju. Njeno .... je vrlo interesantno.
3. Moj drug voli da kuva. On kaže da je .... vrlo zabavno.
4. Da li znaš da skijaš? .... je najlepši sport.
5. Učim japanski jezik. .... japanskog jezika nije lako.
6. Putovali smo autobusom. .... je bilo naporno.
7. Takmičili su se u trčanju. .... je bilo interesantno.
8. Mladi ljudi vole da igraju košarku. .... košarke je popularno.

6 Napišite odgovarajuće reči.
(pridev-imenica)

sportski, -a, -o	sport
srpski	Srbija

školski	....
gradski	....
maratonski	....
savski	....
fudbalski	....
beogradski	....
evropski	....
olimpijski	....

7 Dopunite rečenice kao u primeru.

Trčimo .... (obala Save)
Trčimo obalom Save.

1. Maratonci su trčali .... (beogradske ulice)
2. Kad je lepo vreme ljudi šetaju .... (parkovi)
3. Putovali smo .... (stari put)
4. Išli smo .... pored reke. (staza)
5. Turisti su šetali .... (savska obala)
6. On vozi polako .... (gradske ulice)

8 Dogovorite se da sa drugom zajedno trenirate. Razgovarajte o mestu, vremenu, odeći ...

9 Koje sportove biste dodali u kolone A, B, C i zašto?

dizanje tegova	gimnastika	atletika	boks	mačevanje
rvanje	streljaštvo	fudbal	biciklizam	košarka

A	B	C
plivanje	tenis	vaterpolo

10 Radite kao u primeru.

Muškarac koji igra fudbal je ....
Muškarac koji igra fudbal je fudbaler.

1. Muškarac koji igra košarku je ....
2. Žena koji igra košarku je ....
3. Muškarac koji igra odbojku ....
4. Žena koji igra odbojku ....
5. Muškarac koji igra rukomet ....
6. Muškarac koji igra vaterpolo ....
7. Muškarac koji igra tenis ....
8. Ljudi koji se bave sportom su ....
9. Ljudi koji se bave sportovima sa loptom su ....
10. Ljudi koji se takmiče na takmičenjima su.............................

DOMAĆI ZADATAK
家庭作业

1 Odgovorite na pitanja.

1. Koji sport volite?
2. Koji su omiljeni sportovi u vašoj zemlji?
3. U kojim sportovima je vaša zemlja imala najveće uspehe?
4. U kom sportu Srbija ima odlične igrače i trenere?
5. Koliko je duga maratonska trka?

2 Odgovorite na pitanje.

1. Da li se bavite sportom?
2. Kojim sportom se bavite?
3. Da li ste se bavili tenisom?
4. Kojim sportom ste se bavili u školi?
5. Ko se bavi fudbalom?

3 Dopunite rečenice kao u primeru.

Bavim se .... (košarka)
Bavim se košarkom.

1. On se bavi .... (plivanje)
2. Želim da se bavim .... (trčanje)
3. U školi smo se bavili .... (fotografija)
4. Nikad se neću baviti .... (politika)
5. U Srbiji mnogo ljudi se bavi .... (sport)

4 Dopunite rečenice kao u primeru.

Trčimo .... Save. (obala)
Trčimo obalom Save.

1. Mi vozimo automobil .... ulice. (desna strana)
2. Englezi voze .... ulice. (leva strana)
3. Šetali smo .... Beograda. (ulice)
4. U Beogradu maratonci trče .... (beogradske ulice)
5. Išli smo .... (mala staza)

5 Odgovorite na pitanja.

1. Gde i kad su održane 29. Letnje olimpijske igre?
2. Koji su najveći sportski klubovi u Srbiji?
3. Koliko ima grend slemova u teniskim turnirima i koji su?
4. Koliko je grend slemova osvojio Novak Đoković dosad?
5. Koji je vaši najomiljeniji sportist(a)?

DRUŠTVENO-KULTURNA BAŠTINA
社会·文化点滴

萨拉热窝冬季奥林匹克运动会

波斯尼亚和黑塞哥维那首都萨拉热窝对中国人来说并不陌生。萨拉热窝事件是第一次世界大战的导火索;20世纪70年代前南影片《瓦尔特保卫萨拉热窝》热映,成为一代人的经典回忆;除此之外,萨拉热窝还曾经是奥运之城。

1984年2月8日至19日,第十四届冬奥会在前南波黑共和国首府萨拉热窝举行,这是冬奥会首次在社会主义国家举办。来自49个国家和地区代表团的1272名运动员参加了这届冬奥会,冬奥会参赛代表团数量首次超过了40个。继1980年美国普莱西德湖冬奥会后,中国代表团第二次参加冬奥会。当地出色的冬奥会筹备工作和比赛期间严谨的安排、热情的接待受到各参赛代表团广泛好评。时任国际奥委会主席的萨马兰奇评价这届冬奥会是"冬季奥林匹克运动会60年历史上开得最好、最精彩的一届"。

然而,就在冬奥会举办8年后的1992年前南解体,波黑民族矛盾激化并爆发内战,萨拉热窝被围近4年,多个冬奥场馆遭到破坏。但是战争并没有使当地人忘记曾经举办冬奥会的荣耀。1994年,尽管周围发生着炮战,但萨拉热窝国家剧院还是举办了展览和音乐会来纪念冬奥会举办10周年。2019年,第14届欧洲冬季青年奥林匹克节在波黑首都萨拉热窝开幕,唤起了萨拉热窝人对1984年冬奥会的美好回忆。

DRUGA JEDINICA 2

SAOBRAĆAJ
交通

第 二 单 元

TEKST A
课文A

SAOBRAĆAJNA GUŽVA

Petar i Mario idu kolima do centra grada. Stoje već dugo ispred jednog semafora, crveno i zeleno svetlo se promenilo nekoliko puta, ali automobili ne kreću.

Petar:	U ovo vreme je uvek saobraćajna gužva jer ljudi izlaze s posla. Voleo bih da Beograd ima metro. Onda bi život u gradu bio prijatniji, bez buke i gužve.
Mario:	Čuo sam da već ima plana za gradnju metroa s tri linije u Beogradu.
Petar:	Bilo je tog plana odavno. Dobro bi bilo da se realizuje jednog dana.
Mario:	Šta misliš, zašto svi stoje? Da li je bio neki sudar?
Petar:	Ne znam. Idem da pitam saobraćajca.
Petar:	Šta se desilo, da li se pokvario trolejbus?
Saobraćajac:	Ne, nestala je struja. Ako žurite, bolje bi bilo da skrenete u ovu malu ulicu desno.
Petar:	Ne možemo ići dalje. Mogli bismo da parkiramo auto negde i produžimo peške. Za nekoliko minuta bismo stigli do centra.
Mario:	To je najbolje. Hajdemo.

Zora je kod kuće i čeka Petra. Trebalo je da dođe oko pola osam iz grada. Sada je već devet sati.

Petar:	Stigao sam.
Zora:	Gde si tako dugo, brinula sam se.
Petar:	Znaš kakav je saobraćaj u Beogradu. Pre bih došao peške nego autom. Rado bih otišao na neko pusto ostrvo. Potrebni su mi mir i tišina, čisti vazduh.
Ana:	Mogli bismo i mi s tobom. Tamo nema škole i časova. Ceo dan bih se kupala, spavala bih u hladovini ispod palmi.

Marko:	Ja bih poneo gitaru.		
Zora:	Ponela bih knjige, puno hrane i konzerve. Ne bih kuvala, odmarala bih se po ceo dan.		
Petar:	U tom slučaju ja bih radije ostao kod kuće.		

NOVE REČI I IZRAZI
词汇和表达

saobraćaj *m.*	交通	nestati *nestanem svrš.*	消失
saobraćajac *m.*	交通警察	struja *ž.*	（电）流
saobraćajni, *-a, -o prid.*	交通的	žuriti *-im nesvrš.*	匆忙；赶路
ispred *predl.*	在……前面	parkirati *-am svrš. i nesvrš.*	停车
svetlo *s.*	灯，灯光	produžiti *-im svrš.*	延长
kretati *krećem nesvrš.*	启动；行动；动身	tišina *ž.*	安静，寂静
metro *m.*	地铁	vazduh *m.*	空气
buka *ž.*	喧闹	hladovina *ž.*	阴凉处
gradnja *ž.*	建设；建筑	palma *ž.*	棕榈
linija *ž.*	线路	konzerva *ž.*	罐头
realizovati *realizujem svrš. i nesvrš.*	实现		
sudar *m.*	碰撞	pusto ostrvo	荒岛
pokvariti se *-im svrš.*	变坏；出毛病	u tom slučaju	在这种情况下

NAPOMENE
课文讲解

1 ... crveno i zeleno svetlo se promenilo ... 意思是"由crveno和zeleno颜色组成的svetlo"，"红绿灯"是中性单数，所以谓语动词promeniti在过去式中变为promenilo。

2 U ovo vreme ... jer ljudi izlaze s posla. u ovo vreme, 这里ovo vreme是第四格，前置词u后接第四格表示时间。izlaziti s posla指"下班"，s后面跟第二格表示方向，当表示上班时用ići na posao，在这类词组中表示方向前置词na与s用法相对应，如：ići na fakultet（去学校），vratiti se s fakulteta（从学校回来）。

3 ... za gradnju metroa s tri linije u Beogradu. metro是外来词，虽然词尾是元音-o，但它是阳性名词，变格时直接在o后面加后缀，这里metroa是单数第二格，复数第一格是metroi。

4 Dobro bi bilo da se realizuje jednog dana. 动词realizovati加se构成被动语态，指plan被实现，plan在句中被省略。

5 ... da skrenete u ovu malu ulicu desno. 动词skrenuti加前置词u后跟第四格，表示方向，意思是"转向右边的一条小街道"。

6 ... u hladovini ispod palmi. palmi是阴性名词palma复数第二格，当以-a结尾的阴性名词后缀-a前是两个辅音相连时，变为复数第二格时后缀为-i。

TEKST B
课文B

SAOBRAĆAJ

U novije vreme čovek se kretao sve brže i brže raznim prevoznim sredstvima, prvo biciklom, zatim motorciklom, pa automobilom i vozom. Sad putuje i avionima. Po ulicama gradova vozi se tramvajem, autobusom i trolejbusom. Negde ima i podzemnih železnica, metroa. U gradovima ima mnogo vozila, raskrsnica, semafora, saobraćajnih znakova, pešačkih prelaza i pešaka.

Kad pada veliki sneg i veliko nevreme je u celoj Evropi, saobraćaj je blokiran. Vozovi ne idu normalno, a aviokompanije otkazuju letove. Na aerodromima, putnici čekaju da vreme bude lepše da mogu nastaviti put. Kad je saobraćajni kolaps, najbolje je biti kod kuće i čekati bolje vreme. Nije sigurno ići ni automobilom, ni vozom, ni avionom. Ako morate da izađete, najbolje je da idete peške.

    U Beogradu je obično jutarnji špic od 7 do 9 sati ujutru, a popodnevni špic od 14 do 18 sati od ponedeljka do petka. Zato bi bilo dobro da u tim periodima idete javnim prevozom. Vozila gradskog saobraćaja mogu koristiti žute trake. Možete da kupite kartice za prevoz na trafikama ili karte kod vozača gradskog prevoza. Javna prevozna sredstva u Beogradu su autobus, tramvaj, trolejbus i gradska železnica.

NOVE REČI I IZRAZI
词汇和表达

motorcikl *m.*	摩托车	trafika *ž.*	小杂货店
voziti se *-im nesvrš.*	乘坐	vozač *m.*	驾驶员
nevreme *s.*	坏天气		
blokiran, *-a, -o prid.*	被封锁的，被封闭的	u novije vreme	最近
normalno *pril.*	正常地	javno prevozno sredstvo	公共交通工具
aviokompanija *ž.*	航空公司	podzemna železnica	地铁
otkazivati *otkazujem nesvrš.*	取消	saobraćajni znakovi	交通标志
let *m.*	航班	pešački prelaz	步行道
nastaviti *-im svrš.*	继续	saobraćajni kolaps	交通瘫痪
ako *vezn.*	如果	jutarnji špic	交通早高峰
izaći *izađem svrš.*	出来	popodnevni špic	交通下午高峰
period *m.*	期间；期限	javni prevoz	公共交通
vozilo *s.*	车辆	žuta traka	黄色公交车道
koristiti *-im nesvrš.*	利用	kartica za prevoz	公交车票

NAPOMENE
课文讲解

1 U novije vreme ... novije是形容词novo的比较级修饰vreme，跟在前置词u后第四格表示时间，意思是"最近"。

2 ... raznim prevoznim sredstvima. 工具格是指使用不同的交通工具。

3 Po ulicama gradova vozi se tramvajem, autobusom i trolejbusom. 这句是被动语态，由动词第三人称单数+反身代词se构成，vozi se后跟第六格，意思是"人们乘坐……交通工具"。

4 ... da vreme bude lepše ... bude是助动词biti的现在时第三人称单数。

5 ... najbolje je biti kod kuće i čekati bolje vreme. 不定式词组biti kod kuće与čekati bolje vreme在句中作主语。

6 Ako morate da izađete, najbolje je da idete peške. 这是条件复句，连词ako用在条件复句中表示"如果……"。

GRAMATIKA
语法知识

1 动词的假定式Potencijal
定义：表示某个要进行或者完成动作的可能、愿望和打算。它具有假定性和可能性意义，是复合的和带人称的一种动词变化形式。
构成：由助动词biti的过去完成式和主动形动词复合构成，有性、数和人称区别。在第三人称复数时不用助动词biti过去完成式第三人称复数形式biše，而用bi，同第二、三人称单数。

助动词biti过去完成式变化

人称	单数	复数
1	bih	bismo
2	bi	biste
3	bi	bi

动词pevati主动形动词变化

性	单数	复数
阳性	pevao	pevali
阴性	pevala	pevale
中性	pevalo	pevala

肯定式，以动词voleti为例

voleti					
Ja	bih	voleo	Mi	bismo	voleli
Ti	bi	volela	Vi	biste	volele
On		voleo	Oni		voleli
Ona	bi	volela	One	bi	volele
Ono		volelo	Ona		volela

另一种形式，省略主语人称代词，主动形动词放在句首，后跟助动词

voleti			
Voleo	bih	Voleli	bismo
Volela	bi	Volele	biste
Voleo		Voleli	
Volela	bi	Volele	bi
Volelo		Volela	

否定式也有两种形式，以第一人称单数为例，如：
与肯定句Ja bih voleo对应的否定句Ja ne bih voleo。
与肯定句Voleo bih对应的否定句Ne bih voleo。

疑问式：
Da li biste (vi) voleli ... ?
Da li bi (on) voleo ... ?
Da li bi (ona) volela ... ?

用法：除主要用于表示假定和可能性外，还可以用于表示愿望、打算和客气礼貌语气的简单句中。如：
表示可能性：Mogli bismo da parkiramo auto negde i produžimo peške.
表示愿望：Voleo bih da Beograd ima metro.
客气礼貌语气：Da li biste otvorili prozor?

2 动词imati / nemati，trebati在无人称句中的用法
当表示客观存在或不存在时，动词imati或nemati只使用第三人称单数中性形式，后

面跟名词类词或名词类词组第二格。这种句型在变为过去时、将来时和假定式时动词imati / nemati被助动词biti的替代。如：

现在时：Ima časova. / Nema časova.
过去式：Bilo je časova. / Nije bilo časova.
将来时：Biće časova. / Neće biti časova.
假定式：Bilo bi časova. / Ne bi bilo časova.

同样，动词trebati当与其他动词连用时也只能使用第三人称单数中性形式，后面接连词da，再加动词现在时变化形式。如：

现在时：Treba da ... / Ne treba da ...
过去式：Trebalo je da ... / Nije trebalo da ...
将来时：Trebaće da ... / Neće trebati da ...
假定式：Trebalo bi da ... / Ne bi trebalo da ...

3　biti potreban kome句型

当表示谁需要什么时，人称代词或名词用第三格，相当于句中的逻辑主语，而形容词potreban和助动词biti随句中语法主语的性和数而变化。如：Potrebni su mi mir, tišina i čisti vazduh. mir, tišina i čisti vazduh为句子的语法主语是阳性复数，所以助动词和形容词用阳性复数su potrebni，句中mi是人称代词ja的第三格短形式，在句中充当逻辑主语，句子的意思是"我需要安定、寂静和清新的空气"。

VEŽBE
练习

1 Stavite sledeće glagole u oblike potencijala kao u primeru.

Mario .... da Beograd ima metro. (voleti)
Mario bi voleo da Beograd ima metro.

1. Mi .... auto na ovoj ulici. (parkirati)
2. Romina .... da putuje u Italiju. (želeti)
3. Oni .... da idu na utakmicu. (hteti)
4. Zora i Ana .... peške u centar za pola sata. (stići)
5. Miloš .... da bude inženjer. (voleti)
6. Da li Vi .... čašu vode? (piti)
7. Ti .... da ideš tramvajem. (moći)

8. Ja _____ u Sarajevo avionom. (putovati)
9. U nedelju _____ puno ljudi u parkovima. (imati)
10. _____ da stignemo na vreme na aerodrom. (trebati)

2 Dopunite rečenice.

1. Na ovom ostrvu nema _____ (struja)
2. Na ostrvu nije bilo _____ (hladovina)
3. U parku neće biti _____ (gužva)
4. U mojoj školi ne bi bilo _____ (testovi)
5. U gradu ima mnogo _____ (vozila)
6. Bilo je mnogo _____ u vozu. (putnici)
7. Na moru će biti _____ (voće)
8. Bilo bi _____ (problem) ako to zaboraviš.
9. U gradovima više nema _____ (čisti vazduh)
10. U selima će biti _____ (mir i tišina)

3 Dopunite rečenice kao u primeru.

_____ mi je mir.
Potreban mi je mir.

1. _____ mu je tišina.
2. _____ mi je more.
3. _____ su nam prijatelji.
4. _____ su vam interesantne knjige.
5. Njima je _____ čist vazduh.
6. Njoj je _____ novac.
7. Nama je _____ mnogo hrane.
8. Da li su ti _____ olovka i papir?
9. Meni je _____ vaša pomoć.
10. Njemu su _____ velika kola.

4 Dopunite rečenice.

1. Vozač nije video _____ (saobraćajni znakovi)
2. Pešaci čekaju zeleno svetlo na _____ (pešački prelaz)
3. Vozač je dao saobraćajcu _____ (vozačka dozvola)
4. Automobili stoje dugo ispred _____ (jedan semafor)

5. Sva vozila se nalaze u .... (velika saobraćajna gužva)
6. Ljudi putuju .... (razna prevozna sredstva)
7. U ovom gradu nema još .... (podzemna železnica)
8. U sedam sati ujutro će biti .... (jutarnji špic)
9. Zbog sudara na autoputu je bilo .... (saobraćajni kolaps)
10. Ti bi mogao kupiti kartu kod .... (vozač gradskog prevoza)

5 Šta biste uradili?

1. Vi ste u autobusu. Automobil ispred autobusa se pokvario.
   Upotrebite oblik potencijala: Ja bih ...
   - mirno čekati u autobusu
   - izaći i produžiti peške
   - izaći iz autobusa i pitati šta se desilo
   - izaći i pomoći vozaču da parkira auto
2. Vozite automobil. Svi stoje zbog sudara.
   Ja bih ...
3. Vaš prijatelj ili vaša prijateljica ima rođendan.
   Ja bih ...
4. Nalazite se na pustom ostrvu.
   Ja bih ...
5. Čime biste se bavili kad završite fakultet?
   Ja bih ...

U sledećim situacijama, rado / radije / najradije bih ...

1. na odmoru ste
   - ostati kod kuće
   - ići na more
   - provesti odmor na planini
2. imate slobodno vreme posle podne
   - šetati
   - ići kod prijatelja
   - spavati
3. na plaži ste
   - kupati se
   - odmarati se ispod palme
   - čitati nešto

4. putujete
   - avionom
   - vozom
   - automobilom
5. idete u centar grada
   - biciklom
   - peške
   - autobusom

7 Odgovorite na pitanje prema tekstu.

Viktor se ne bi vratio u Rusiju. Želeo bi da ostane u Srbiji. Radio bi u Novom Sadu kao profesor ruskog jezika na fakultetu. Pričao bi studentima o ruskoj kulturi i istoriji. Voleo bi da putuje po Srbiji i da proba raznu srpsku hranu i pića. Putovao bi kolima jer bi mogao stati kad hoće.

1. Da li bi se Viktor vratio u Rusiju?
2. Gde i šta bi radio?
3. O čemu bi pričao svojim studentima?
4. Gde bi voleo da putuje?
5. Zašto bi putovao autom?
6. Gde biste Vi želeli da živite?

8 Odgovorite na pitanja prema tekstu.

Marija bi želela da poseti Kinu sledeće godine. Putovala bi avionom. Prvo bi išla u Peking, a zatim bi posetila Šangaj. Misli da bi joj se Peking najviše svideo. Išla bi na Kineski zid i u Zabranjeni grad. Htela bi da proba pekinšku patku i uživa u kineskoj hrani. Volela bi da upozna i kinesku kulturu i istoriju.

1. Kuda bi Marija želela da putuje sledeće godine?
2. Koje bi gradove želela da poseti?
3. Šta bi želela da vidi?
4. Šta bi htela da proba?
5. Šta bi volela da upozna u Kini?
6. Kuda biste Vi želeli da putujete?
7. Kako biste želeli putovati?
8. Koje biste zemlje voleli da vidite?

9 Напишите ћирилицом шта бисте урадили кад бисте добили пуно пара на лутрији.

DOMAĆI ZADATAK
家庭作业

1 Dopunite rečenice glagolima u potencijalu.

1. Ja .... da živim u Pekingu. (želeti)
2. Mi .... po celom svetu. (putovati)
3. Ona ne .... gotovinom. (plaćati)
4. Ti .... da mi pomogneš. (moći)
5. Da li vi .... utakmicu? (igrati)
6. Oni ne .... da žive u malom stanu. (voleti)
7. Miloš .... taj novi film. (gledati)
8. Nina .... tu plavu haljinu. (kupiti)
9. On .... s vama na francuskom jeziku. (razgovarati)
10. Profesor .... da svi studenti dobro nauče srpski jezik. (voleti)

2 Stavite glagole u zagradi u odgovarajući oblik potencijala.

1. .... (želeti, on) da živi u Parizu.
2. Jako sam žedna. .... (popiti) čašu vode.
3. Umorni ste. Da li ....? (odmarati se)
4. .... (trebati) da pođemo na železničku stanicu.
5. .... (trebati) da učite hemiju i fiziku.
6. Da li .... (moći, vi) da mi kupite jednu kartu?
7. .... (moći, vi) da nam otvorite prozor?
8. Ne .... (morati) da čitaju ovu knjigu.
9. .... (voleti, ona) da gleda neki srpski film.
10. Nikola voli kinesku hranu. .... (probati) pekinšku patku.

3 Stavite sledeće rečenice u potencijal.

1. Petar **je ostao** kod kuće.

2. Ana **je spavala** dugo u nedelju.
3. Mi **smo hteli** da idemo u bioskop.
4. Ja **sam naučio** ovu lekciju za dva sata.
5. Zora i Ana **su ponele** puno hrane na more.
6. Putnici **nisu čekali** dugo na aerodromu.
7. Da li **ste išli** na posao javnim prevozom?
8. Ti **si stigla** u grad za pola sata.
9. Marko **se nije vratio** kući peške.
10. Automobili **nisu mogli** ujutro da koriste žute trake.

4 Stavite sledeće rečenice u perfekat, futur i potencijal kao u primeru.

Ima vremena za odmor.
- Bilo je vremena za odmor.
- Biće vremena za odmor.
- Bilo bi vremena za odmor.

1. Ima mnogo ljudi u parku.
2. Ima jabuka i pomorandža.
3. Na moru nema tramvaja i trolejbusa.
4. Nema velike gužve u malom gradu.
5. Ima puno posla u fabrici.

5 Odgovorite na pitanje.

1. Koji strani jezik biste učili?
2. Koju knjigu biste čitali?
3. Koje jelo biste probali?
4. Gde biste želeli da provedete odmor?
5. Šta biste radili za vikend?

6 Напишите ћирилицом шта бисте урадили кад би се ваш аутомобил покварио на путу.

DRUŠTVENO-KULTURNA BAŠTINA
社会·文化点滴

中国基建向中东欧展示的第一张名片
——贝尔格莱德的"中国桥"

塞尔维亚泽蒙-博尔察大桥（Most Zemun-Borča）是由中国公司承建的，被塞尔维亚总统武契奇称为"中塞友谊之桥"的大桥。它是中国企业在欧洲承建的第一个大桥项目，使用了中国进出口银行提供的优惠贷款，大桥设计与施工均由中国企业主导完成。

大桥总投资约为1.7亿欧元，桥长1482米、主跨长172米，这一跨度在同类桥梁中位列世界第九。大桥2011年10月正式开工，2014年12月18日正式通车，这一天中国国务院总理李克强与时任塞尔维亚总理的武契奇一起出席了这座大桥的竣工仪式，并对大桥的建设给予了高度评价。李克强总理在发言中亲切地称呼泽蒙-博尔察大桥是连接中塞人民心灵的友谊桥。武契奇表示，这座大桥是塞中友谊的象征，塞中合作的结晶，也是塞尔维亚近20年来第一个在预算范围内按时且优质完工的大型建设项目。

这座泽蒙-博尔察大桥的通车结束了近70年来贝尔格莱德市多瑙河上仅有一座大桥的历史，之前在贝尔格莱德市区，从新城区到达被规划为贝尔格莱德第三区的博尔察地区需要长途绕行，需要时间在1小时以上，而大桥建成后，10分钟就可到达。

尽管这座桥以塞尔维亚科学家米哈伊洛·普平（Mihajlo Pupin）的名字命名为普平大桥（Pupinov most），但当地人仍然亲切地称它为"中国桥"（Kineski most）。

3

TREĆA JEDINICA

第三单元

OBRAZOVANJE
教育

TEKST A
课文A

OBRAZOVANJE

Veliki deo života čovek provodi u školi. Školski sistem u Srbiji je sličan onima u evropskim zemljama.

Škola u kojoj se školuje najmađa generacija zove se osnovna škola. Osnovna škola je obavezna i traje osam godina. Deca polaze u školu sa sedam godina. Sa petnaest godina đaci počinju školovanje u srednjoj školi. Srednja škola traje četiri godine. Kad završe osnovnu školu oni mogu nastaviti školovanje u srednjoj školi. Mogu izabrati neku stručnu srednju školu (medicinsku, ekonomsku, tehničku itd.) ili gimnaziju. Pre upisa u srednju školu obavezan je prijemni ispit. Za sve učenike on je jednak: test iz matematike i test iz srpskog jezika.

Sa devetnaest godina mladići i devojke završavaju srednju školu i upisuju se na fakultet. Prijemni ispiti za upis na Univerzitet su različiti i zavise od fakulteta. Studije na fakultetima traju četiri ili pet godina. Fakulteti se obično nalaze u velikim gradovima. Mnogi srednjoškolci napuštaju svoje porodice i nekoliko godina provode u drugom gradu. U Beogradu ima nekoliko studentskih domova. Oni se nalaze u raznim delovima grada. Na Novom Beogradu je Studentski grad. Tu su velike zgrade za stanovanje, restoran, banka, samoposluga, bioskop. Na Beogradskom univerzitetu studiraju hiljade mladih ljudi. Mnogi od njih mogu da dobiju mesto u domu. U sobama su obično dva do tri studenta.

Školska godina počinje prvog septembra, a predavanja na fakutetima prvog oktobra. Učenici i studenti imaju dva raspusta tokom godine-zimski raspust u januaru, a letnji u julu i avgustu. U osnovnim školama dečake i devojčice uče učitelji, učiteljice, nastavnici i nastavnice, a mladiće i devojke u srednjoj školi uče srednjoškolski profesori. Na fakultetima studente uče asistenti i fakultetski nastavnici (docenti, vanredni profesori i redovni profesori).

NOVE REČI I IZRAZI
词汇和表达

obrazovanje s.	教育	dečak m.	小男孩
sistem m.	体系，系统	devojčica ž.	小女孩
školovati se školujem nesvrš.	受教育	učitelj m.	老师
generacija ž.	一代（人）	učiteljica ž.	女老师
obavezan, obavezna, -no prid.	义务的	nastavnik m.	教师
trajati trajem nesvrš.	进行；持续	nastavnica ž.	女教师
polaziti -im nesvrš.	上学；出发	asistent m.	助教；助手
đak m.	中/小学生		
školovanje s.	教育	osnovna škola	小学
završiti -im svrš.	结束；完成	srednja škola	中学
gimnazija ž.	中学	stručna srednja škola	职业学校
upis m.	登记；注册	prijemni ispit	入学考试
jednak, -a, -o prid.	相同的；同等的	studentski dom	大学生宿舍
završavati -am nesvrš.	结束；完成	školska godina	学年
upisivati upisujem nesvrš.	报考；注册	zimski i letnji raspust	寒暑假
srednjoškolac m.	中学生	vanredni profesor	副教授
napuštati -am nesvrš.	离开；放弃	redovni profesor	教授

NAPOMENE
课文讲解

1 Školski sistem u Srbiji je sličan onima u evropskim zemljama. školski sistem这里是指教育体制。biti sličan (slična，slično) kome-čemu意思是"与……相像或相似"，后面接第三格。onima是形容词性指示代词阳性词尾复数形式oni（那些的）的第三格，这个指示代词是形容词性的，它的单数阳性词尾是onaj（那个的），阴性是ona，中性是ono，变格也按照形容词来变。句中onima后省略了školskim sistemima。

2 Deca polaze u školu sa sedam godina. deca是集合名词，这种以-a结尾的集合名词在句中做主语时，谓语动词要求第三人称复数。这里前置词sa后接第二格表示时间，意思是"从……时候开始"。

3 ... upisuju se na fakultet. Prijemni ispiti za upis na Univerzitet su različiti i zavise od fakulteta. upisivati se na和upis na后接第四格fakultet和univerzitet，指"报考大学的系"或"报考大学"。zavisiti od ...，动词zavisiti与前置词od连用，后接第二格，意思是"取决于……"。

4 Na Beogradskom univerzitetu studiraju hiljade mladih ljudi. hiljade是数名词hiljada的复数，意思是"成千上万"，后面接词组mladi ljudi的复数第二格mladih ljudi。

5 učitelj和učiteljica只用于小学1—4年级的老师，小学5—6年级和初中老师用nastavnik和nastavnica。

TEKST B
课文B

UPIS NA FAKULTET

Prijemni ispit za fakultete će biti od 24. do 27. juna. Dokumente treba predati do 22. juna. Kandidati polažu prijemni ispit u ponedeljak u 10 sati. Rezultati i broj poena će biti na oglasnoj tabli u utorak, 28. juna. Upis počinje 28. juna i traje tri dana.

Kraj semestra je blizu i studenti razgovaraju o ispitima i ocenama.

Marija: Koliko ispita ćeš polagati u junskom roku?
Janis: Prijavio sam četiri, ali ne znam da li ću uspeti sve da spremim. Sigurno ću polagati fiziku i matematiku.
Marija: Znam da ćeš položiti fiziku. Čula sam da si uvek najbolji na vežbama. Šta si dobio iz sociologije?
Janis: Prošlog puta sam pao na ispitu. Taj ispit je uslov da se upišem na treću godinu. Ovaj put sam položio pismeni deo ispita. Sutra ću polagati usmeni. Tada ću znati ocenu.
Marija: Usmeni deo ispita je najteži. Uvek imam tremu kad treba da odgovaram.
Janis: Imam i ja, ali kad počnem da govorim, zaboravim na tremu. Da li ti polažeš neki ispit?

Marija:	Već sam položila ispite iz srpskog jezika. Polagaću prijemni ispit pre upisa na fakultet.	
Janis:	Da li si stipendista?	
Marija:	Nisam. Moram da platim školarinu.	
Janis:	A koliko košta tvoja školarina?	
Marija:	Za jedan semestar za strane studente košta 1500 evra. Treba da uplatim u pošti ili u banci na žiro-račun fakulteta.	
Janis:	Da li si spremila sve dokumente za upis?	
Marija:	Imam overeni prevod diplome srednje škole, pasoš i dve fotografije. Kupila sam indeks i potrebne obrasce u knjižari. Sad učim za prijemni ispit.	
Janis:	Želim ti uspešan upis na fakultet.	
Marija:	Dobro. Hvala.	

NOVE REČI I IZRAZI
词汇和表达

dokument *m.*	文件；证件	**stipendista** *m.*	奖学金者
predati *-am svrš.*	提交；转交	**školarina** *ž.*	学费
kandidat *m.*	候选人	**uplatiti** *-tim svrš.*	支付；付清
polagati *polažem nesvrš.*	通过考试	**banka** *ž.*	银行
poen *m.*	分数	**zaboraviti** *-im svrš.*	忘记
semestar *m.*	学期	**odgovarati** *-am nesvrš.*	回答
blizu *pril.*	临近，不远	**diploma** *ž.*	毕业证
ocena *ž.*	考试分数；评价	**pasoš** *m.*	护照
prijaviti *-im svrš.*	报名	**indeks** *m.*	记分册；目录
uspeti *uspem svrš.*	来得及；成功	**potreban,** *potrebna, -o prid.*	需要的；必须的
položiti *-im svrš.*	通过考试	**obrazac** *m.*	表格
vežba *ž.*	练习	**knjižara** *ž.*	书店
sociologija *ž.*	社会学	**uspešan,** *uspešna, -o prid.*	成功的
uslov *m.*	条件		
upisati se *upišem svrš.*	报考；注册	**oglasna tabla**	布告栏
trema *ž.*	怯场；紧张	**junski rok**	六月考期

prošli put	上一次	žiro-račun	账号
pismeni deo ispita	笔试部分	overeni prevod	被公证的翻译件
usmeni deo ispita	口试部分		

NAPOMENE
课文讲解

1 Kandidati polažu prijemni ispit u ponedeljak u 10 sati. 句中u ponedeljak和u 10 sati都是前置词u后接第四格表示时间，指"在星期几"和"在几点钟"。Rezultati i broj poena će biti na oglasnoj tabli u utorak, 28. juna. 这句中表示在几月几日时使用的是不带前置词第二格。

2 Kraj semestra je blizu. 这里的blizu是副词，指"学期末临近了"。

3 Šta si dobio iz sociologije? iz后接第二格，指"……科目"，同样ispit iz srpskog jezika意思是"塞尔维亚语考试"，ispit iz ... 指"……科目的考试"。

4 Prošlog puta sam pao na ispitu. prošlog puta是词组prošli put的第二格，表示时间，指"上一次"。动词pasti词义是"掉下来"或"跌倒"，用在词组pasti na ispitu中，指"没通过考试"。

5 Imam overeni prevod diplome srednje škole. diplome是diploma的第二格，修饰prevod，srednje škole是srednja škola的第二格，修饰diploma，词组prevod diplome srednje škole指"中学毕业证的翻译件"，词组前面的形容词overeni修饰prevod，指"已被公证的翻译件"。在overeni prevod diplome srednje škole这个大的词组中，无论形容词overeni还是词组diploma srednje škole的第二格都修饰prevod这个词，它是这个大词组中的中心词，其他起到修饰作用的词都围绕它变化。

6 Kupila sam indeks i potrebne obrasce u knjižari. obrasce是obrazac的复数第四格形式。obrazac的复数是obrasci，obrazac在变复数时首先不稳定元音a脱落，然后出现音变z-s，即obrazac-obrazci-obrasci。

GRAMATIKA
语法知识

1 集合名词：以元音-a结尾的集合名词dete-deca，brat-braća。

集合名词表示同类事物整体，这类事物可以是人、动物，也可以指属于同群或同类的事物。它有不同的词尾，当它与数词连用时只能使用集合数词。以元音-a结尾的集合名词变格同以元音-a结尾的阴性名词单数变格相同，但在句中它所要求的谓语动词须用第三人称复数形式，如：Naša deca se igraju.

2 动词的未完成体和完成体：

动词的体是表示动作时间概念的形式，塞尔维亚语中大多数动词同时有未完成体和完成体这两个体，如：učiti（未完成体）- naučiti（完成体），čitati（未完成体）- pročitati（完成体），kupovati（未完成体）- kupiti（完成体）。但是也有些词只有一种体，如：stanovati（未完成体），morati（未完成体），它们没有相对应的完成体动词。还有些动词是双体动词，既可以作为未完成体也可作为完成体，如：razumeti，ručati，以及以-ovati，-irati结尾的外来词，如：interesovati，organizovati，telefonirati等，这些词的语义只有通过句中上下文才能判断出它是未完成体还是完成体动词。

①未完成体动词表示动作持续过程或在一定的时间段内动作的重复，它可用于任何时态，但由于未完成体动词强调动作的过程，所以常用在现在时态中，如：

Ja (sada) čitam knjigu. 表示动作持续过程，意思是"我正在读书"。

Ja (obično) čitam knjigu pre spavanja. 表示在一定时间段内动作的反复，意思是"我睡觉前经常读书"。

②完成体动词表示动作在一定时间内开始、结束或完成，强调的是结果，常用于过去式和将来时态中，如：

将来时Ja ću naučiti ovu lekciju. 意思是"我将会学会这一课"。

过去式Ja sam naučio ovu lekciju. 意思是"我已经学会这一课了"。

完成体动词现在时常用在情态动词后或复句中的条件句里，如：

Moram da naučim ovu lekciju. morati为情态动词，后加连词da再加完成体动词naučiti的现在时来补充情态动词morati的不完整意思，这句话的意思是"我必须要学会这一课"。

Odmoriću se kad naučim ovu lekciju. 在条件句连词kad后，完成体动词naučiti现在时表示结果，意思是"在我学会这一课时我才能休息"。

3 以元音-a结尾的阳性名词复数不规则变化：

塞尔维亚语词kolega，sudija（法官），tata，deda（祖父），gazda（主人），复数按以元音-a结尾阴性名词来变化；而外来词，大部分表示职业的词taksista，ekonomista（经济学家），sportista，stipendista，复数按以辅音结尾的阳性名词来变化，如：

Sg.	Pl.	Sg.	Pl.
taj kolega	te kolege	taj taksista	ti taksisti
taj sudija	te sudije	taj ekonomista	ti ekonomisti
taj deda	te dede	taj stipendista	ti stipendisti

VEŽBE
练习

1 Dopunite rečenice glagolom TRAJATI.

Osnovna škola .... osam godina. (trajati)
Osnovna škola traje osam godina.

1. Medicinski fakultet .... šest godina.
2. Studije na medicinskom fakultetu .... šest godina.
3. Prijemni ispit .... dva sata.
4. Fudbalska utakmica .... 90 minuta.
5. Tečaj kineskog jezika .... šest mececi.
6. Tečajevi stranih jezika .... tri meseca.
7. Čas .... 50 minuta na našem fakultetu.
8. Časovi .... 45 minuta u školama.
9. Film .... sat i po.
10. Sastanci .... tri sata.

2 Dopunite rečenice odgovarajućim oblicima (sedam padeža reči DETE i DECA).

1. Njegovo .... je malo.
   Njegova .... su dobra.
2. Došao sam kući pre ....
   Čuo sam od vaše .... da ste dobro.

3. Našem .... je matematika teška.
   Kupio sam poklon našoj ....
4. Ne poznajem vaše ....
   Nisam dugo video njihovu ....
5. .... , dođi ovamo!
   ...., dođite na ručak!
6. Išli su sa mlađim .... u grad.
   Lako je učiti sa dobrom ....
7. Recite mi nešto o vašem ....
   Lepo su pričali o vašoj ....

3 Biti SLIČAN (slična, -o) kome / čemu.

Školski sistem u Srbiji je sličan onima u evropskim zemljama.

1. Španski jezik je .... italijanskom jeziku.
2. Naša škola je .... vašoj školi.
3. Kinesko školovanje je .... vašem školovanju.
4. Ovi gradovi su .... evropskim gradovima.
5. Današnje vežbe su .... jučerašnjim vežbama.
6. Sela na severu nisu .... onima na jugu.

4 Izaberite glagol i dopunite rečenice.

polagati (polagao, polagala)   **-položiti** (položio, položila)   **pasti** (pao, pala)
polažem   položim   padnem

1. Studenti su juče .... ispit i ne znaju da li su ....
2. Ona je već .... sociologiju i ne treba da uči za nju.
3. .... sam ispit iz fizike, ali na žalost sam ....
4. Da li ste nekad .... na ispitu?
5. Želim ti da .... taj ispit!
6. Moraš da .... ispit iz sociologije jer je to uslov za drugu godinu.
7. Nista ne znam, sigurno ću .... na ispitu.
8. Vi sada .... usmeni deo ispita iz srpskog jezika.
9. Provodi mnogo vremena na kompjuterske igrice zato stalno .... na ispitima.
10. Kad je .... ispite uvek je pažljivo odgovarala na pitanja.

035

5 Izaberite glagol i dopunite rečenice.

1. počinjati→početi
   Školska godina .... 1. septembra.
   Danas moram da .... da učim.
2. kupovati→kupiti
   Svakog dana .... novine.
   Moram da .... hleb.
3. dobijati→dobiti
   Juče sam .... pismo od prijatelja.
   Redovno .... pisma od njega.
4. spremati se→spremiti se
   Položiću ispit, dobro sam se ....
   U junu studenti mnogo uče, ... se za ispit.
5. učiti→naučiti
   Ja često .... uveče.
   Kad .... lekciju, ići ću u šetnju.
6. odgovarati→odgovoriti
   Ne mogu da vam .... na ovo pitanje.
   Uvek kad .... na ispitu ima tremu.

6 Izaberite odgovarajuće glagole i dopunite rečenice.

(1) dobijati→dobiti   (2) učiti→naučiti
(3) kupovati→kupiti   (4) polagati→položiti

1. Ja uvek (3) .... u prodavnici blizu moje kuće.
2. Želite li (3) .... neku knjigu?
3. Morate (2) .... nove reči do sutra.
4. On (2) .... svakog dana.
5. Sad zna dobro i može (4) .... taj ispit.
6. Uvek ima tremu kad (4) .... ispit.
7. Ovo dete često (1) .... poklone od roditelja.
8. Ona nije (1) .... dobru ocenu iz fizike.

7 Rad u paru.

1. Razgovaraju profesor i student na ispitu. Osmislite dijalog i upotrebite reči:
polagati, odgovarati, pitati, slušati, znati, usmeni, pasti, trema, ocena

2. Pitajte druga sve o upisu na fakultete. Upotrebite reči:
prijemni ispit, predati dokumente, test, rezultati, obrazac, upis, broj poena

8 Napišite dve rečenice sa imenicama BRAT i BRAĆA.

                        brat   braća

9 Napišite tri rečenice sa glagolima POLAGATI, POLOŽITI i PASTI.

10 Odgovorite na pitanja.

1. Kom jeziku je sličan vaš jezik?
2. Kom jeziku je sličan srpski jezik?
3. Kakav je školski sistem u vašoj zemlji?
4. Kako se upisujete na fakultete?
5. Pričajte o obrazovanju u Kini.

DOMAĆI ZADATAK
家庭作业

1 Stavite imenice dete i deca u odgovarajući oblik.

1. Telefonirao sam vašem .... (dete)
2. Naša .... su još mala. (deca)
3. U sobi su tri .... (dete)
4. Roditelji su dobili pisma od starijeg .... (dete)
5. Idem u park sa .... (deca)
6. Učiteljica je razgovarala sa tvojim .... (dete)
7. Ove knjige su za .... (deca)
8. Mnogo voli .... (dete)

2 Dopunite rečenice kao u primeru.

Španski jezika je sličan .... (italijanski jezik)
Španski jezik je sličan italijanskom jeziku.

1. Klima u Beogradu je slična .... (klima u Pekingu)
2. Srpsko pismo je slično .... (rusko pismo)
3. Moji grad je sličan .... (tvoj grad)
4. Ispiti na fakultetu nisu slični .... (oni) u gimnaziji.
5. Škole u Kini nisu slične .... (one) u Americi.

3 Dopunite rečenice glagolima POLAGATI i POLOŽITI.

1. Juče sam .... pismeni deo ispita. (polagati)
2. Sutra ću znati rezultat pismenog i .... usmeni. (polagati)
3. U junskom roku je Ana .... tri ispita. (položiti)
4. Nije mogao da .... taj ispit jer nije znao dobro. (položiti)
5. Marko je tri puta .... ispit iz matematike i nije .... (polagati, položiti)

4 Stavite rečenice u plural.

1. Dete ide u školu sa sedam godina.

2. Detetu je teško da sedi i uči.

3. Čas obično traje 45 minuta.

4. Obrazac je na stolu.

5. Student uvek ima tremu na ispitu.

5 Popunite praznine odgovarajućom formom reči datih u zgradama.

1. .... (beogradski taksista, pl) voze vrlo brzo.
2. Mogu ti reći da su .... (nov kolega, pl) simpatične.
3. Oni su poznati .... (kineski ekonomista, pl).
4. Imala je suđenje kod .... (ovaj sudija)
5. Dobila je imejl od .... (vaš kolega Stanko)

6. Ovo vino je za .... (tvoj tata)
7. Reci to .... (njegov deda)
8. Sekretar fakulteta je prijavio .... (taj stipendista, pl)
9. Sviđa se .... (ovaj violinista) ta muzika.
10. Novak Đoković je poznat među .... (svetski sportista, pl)

6 **Odgovorite na pitanja.**

1. Da li je školski sistem u Kini sličan srpskom školskom sistemu?
2. Koliko traje osnovna škola kod vas?
3. Sa koliko godina deca polaze u školu kod vas?
4. Da li u vašoj zemlji đaci polažu prijemni ispit za gimnaziju / srednju školu?
5. Kad počinju predavanja na fakultetu?
6. Imate li tremu na ispitu?

DRUŠTVENO-KULTURNA BAŠTINA
社会·文化点滴

塞尔维亚教育简介

塞尔维亚的教育分为三个层次，即初等教育（小学8年）、中等教育（中学4年）和高等教育，实行八年制义务教育。高等院校学制（I级+II级学位）为"4+1"模式（本科为4年，硕士为1年）和"3+2"模式（本科为3年，硕士为2年），前者占多数。高等院校招生根据学生在中学阶段的成绩（占总成绩的40%）和入学考试的成绩（占总成绩的60%）进行择优录取。

贝尔格莱德大学最早的名字为Velika škola，创建于1808年9月13日，这一天也成为贝尔格莱德大学的校庆日，它是塞尔维亚成立的第一所高等教育机构。1905年，塞尔维亚国王彼得一世颁布了新的大学成立法，大学Velika škola改名为贝尔格莱德大学Beogradski univerzitet，也成为真正意义上的大学。目前，大学总计有31所学院，11个研究所，6个中心。贝尔格莱德大学的优势学科主要有：医学、电气工程、建筑学等。

诺维萨德大学正式成立于1960年6月28日，位于塞尔维亚北部伏伊伏丁那自治省首府诺维萨德市，在多瑙河的左岸，距市中心很近。大学共有14个学院，2个中心。在校本科生中近70%享受公费教育，其余近30%是自费生。诺维萨德大学的农学院是塞尔维亚及周边地区中具有强势专业的学院，即农学是它的优势学科。

ČETVRTA JEDINICA

4

KLIMA I GEOGRAFIJA
气候和地理

第 四 单 元

TEKST A
课文A

ČETIRI GODIŠNJA DOBA

Godišnja doba su podeljena po mesecima u godini i svako doba traje po tri meseca. Svako godišnje doba ima posebne klimatske odlike, koje zavise od položaja Zemlje u odnosu na Sunce. Neki delovi Zemlje dobijaju više svetlosti i toplote, a neki manje. Zato je negde uvek leto, a negde uvek zima. U tropskim oblastima postoje dva godišnja doba, kišno i sušno, u pustinjama je večno leto, dok je na Arktiku i na Antarktiku večna zima.

Srbija se nalazi između tople i hladne oblasti. Ima umerenu klimu i četiri godišnja doba. To su proleće, leto, jesen i zima. Prema astronomskom kriterijumu, podela na godišnja doba izgleda ovako:
- Proleće - od 21. marta do 21. juna.
- Leto - od 21. juna do 23. septembra
- Jesen - od 23. septembra do 21. decembra
- Zima - od 21. decembra do 21. marta.

Svako godišnje doba lepo je na svoj način. Neki ljudi vole zimu jer vole hladno vreme, a neki vole leto zato što je tada toplo. Svako ima svoje omiljeno godišnje doba. U proleće je obično lepo vreme. Sve raste, drveće dobija lišće, cveće cveta. Najviše posla seljaci imaju u baštama i na poljima u proleće i leti. Oni gaje voće, povrće, pšenicu, kukuruz ... Jesen je doba žetve. Rana jesen je najprijatniji period u godini, ali posle počinju kiša i hladne večeri i jutra. U jesen često duva vetar i lišće pada s grana. To je znak da dolazi duga i hladna zima. Nekada su zime bile jako hladne i bilo je mnogo više snega u Srbiji. Sada zime nisu hladne i nema snega kao ranije. Takođe leta nekada nisu bila toliko topla kao sada. Leti je sad veoma toplo. Klima se menja u čitavom svetu u poslednje vreme.

NOVE REČI I IZRAZI
词汇和表达

godišnji, -a, -e *prid.*	一年的，年度的	Arktik *m.*	北极
doba *s.*	季节；时代	Antarktik *m.*	南极
podela *ž.*	区分，颁发	umeren, -a, -o *prid.*	温暖的；温和的
proleće *s.*	春季	rasti *rastem nesvrš.*	生长；增加
leto *s.*	夏季	drveće *s. zb. im.*	树木
jesen *ž.*	秋季	lišće *s. zb. im.*	树叶
zima *ž.*	冬季	cvetati *-am nesvrš.*	开花
svoj, -a, -e *zam.*	自己的	leti *pril.*	在夏季
poseban, *posebna, -o prid.*	特别的；个别的	gajiti *-im nesvrš.*	饲养；栽培
odlika *ž.*	特点；优点	pšenica *ž.*	小麦
Zemlja *ž.*	地球	kukuruz *m.*	玉米
Sunce *s.*	太阳	žetva *ž.*	丰收
svetlost *ž.*	光线；灯光	grana *ž.*	树枝；分支
toplota *ž.*	热能；热情	znak *m.*	标记，标志；特征，特点
tropski, -a, -o *prid.*	热带的	menjati se *-am nesvrš.*	改变，变化
oblast *ž.*	地区；领域		
sušan, *sušna, -o prid.*	干的，干旱的	astronomski kriterijum	天文学标准
pustinja *ž.*	沙漠	čitav svet	全世界
večan, *večna, -o prid.*	永恒的，长久的	u poslednje vreme	近来

NAPOMENE
课文讲解

1 Godišnja doba su podeljena po mesecima u godini i svako doba traje po tri meseca. 句中第一个前置词po后接第七格，意思是"按照，依据……"，po mesecima意思是"按照月份"，第二个po后接第四格表示时间，它后面接的是基数词tri，通常基数词在前置词后不变格。

2 ... koje zavise od položaja Zemlje u odnosu na Sunce. 这是一个定语从句，关系代词koje代的是它前面的名词odlike，它需要与所代的词保持性和数的一致，而在从句中作主语不变格。词组zavisiti od ... 后接第二格，意思是"取决于……"。Zemlja和Sunce首个字母大写，是专有名词，指地球和太阳。... u odnosu na ... 后面接第四格，意思是"与……相关"或"与……相比较"。

3 Prema astronomskom kriterijumu, podela na ... 前置词prema后接第七格，用法和意思与注释1中的前置词po后接第七格相同，都表示"按照或依据……"。podela na ... 后接第四格，意思是"……的划分"。

4 ... na svoj način. 前置词na后接第四格，意思是"以自己的方式"。

5 ... u proleće i leti. 当表示"在……季节"时，用前置词u后接第四格，如：u leto, u zimu, u proleće, u jesen, 除此之外在夏季和在冬季还可以用副词leti和zimi表示，如：u leto=leti, u zimu=zimi, 它们意思相同。

6 ... ali posle počinju kiša i hladne večeri i jutra. 这里的posle不是前置词而是副词，指"然后"，塞尔维亚语里有些前置词也可以作为副词用，如：posle, pre, blizu ...

7 ... u poslednje vreme. 前置词u后接第四格表示时间，意思是"在……时间"。

TEKST B
课文B

GEOGRAFIJA

Republika Srbija se nalazi u jugoistočnom delu Evrope, na Balkanskom poluostrvu. Ona ima površinu od 88.361 kvadratna kilometra i graniči se sa osam država. To su Rumunija, Bugarska, Severna Makedonija, Albanija, Crna Gora, Bosna i Hercegovina, Hrvatska i Mađarska. Srbija ima vrlo povoljan položaj jer se nalazi na dodiru južne, srednje i istočne Evrope, a u blizini jugozapadne Azije i severoistočne Afrike.

U Srbiji postoje dve velike prirodno-geografske celine. To su Panonska oblast na severu i Planinska oblast u srednjem i južnom delu Srbije. U Panonskoj niziji i u dolinama reka nalaze se ravnice. Tu je zemlja i klima pogodna za pšenicu, kukuruz, povrće i voće. Ljudi gaje goveda, ovce, svinje i živinu. U tim oblastima su najveće fabrike hrane. One proizvode razne namirnice. Planinska oblast zauzima najveći deo površine Srbije. Najviše planine se nalaze na jugu i zapadu. Tamo zima traje osam meseci. U planinskim oblastima ljudi gaje krompir, ovce i goveda. Prave čuveni sir, kajmak i pršutu. Mnoge proizvode izvoze. Neki ljudi rade u fabrikama i rudnicima.

Zlatibor je planina u zapadnom delu Srbije. Ima umerenu i prijatnu klimu. Poznata je po proizvodima od mleka, mesa i vune. Osim toga žene iz zlatiborskog sela Sirogojno prave divne džempere koji se izvoze u ceo svet. Tako je Zlatibor postao prava turistička atrakcija.

NOVE REČI I IZRAZI
词汇和表达

republika *ž.*	共和国	**fabrika** *ž.*	工厂
površina *ž.*	面积	**proizvoditi** *-im nesvrš.*	生产
graničiti se *-im nesvrš.*	交界	**zauzimati** *-am nesvrš.*	占据
Rumunija *ž.*	罗马尼亚	**čuven, -a, -o** *prid.*	著名的
Bugarska *ž.*	保加利亚	**kajmak** *m.*	浓奶油
Albanija *ž.*	阿尔巴尼亚	**pršuta** *ž.*	熏火腿
Mađarska *ž.*	匈牙利	**izvoziti** *-im nesvrš.*	出口
povoljan, *povoljna, -o prid.*	有利的，合适的	**rudnik** *m.*	矿
dodir *m.*	连接；接触	**džemper** *m.*	毛衣
postojati *postojim nesvrš.*	存在		
celina *ž.*	整体	**Balkansko poluostrvo**	巴尔干半岛
dolina *ž.*	河谷	**kvadratni kilometar**	平方公里
pogodan, *pogodna, -o prid.*	适宜的	**Severna Makedonija**	北马其顿
govedo *s.*	牛	**Bosna i Hercegovina**	波斯尼亚和黑塞哥维那
ovca *ž.*	绵羊	**Panonska nizija**	潘诺尼亚平原
svinja *ž.*	猪	**turistička atrakcija**	旅游胜地
živina *ž.*	家禽		

NAPOMENE
课文讲解

1 ... graniči se s ... 前置词s后接工具格，意思是"与……交界"。

2 Tu je zemlja i klima pogodna za ... 前置词za后接第四格，词组biti pogodan za ... 指"适宜或适合于……"。

3 ... ljudi gaje krompir, ovce i goveda. 动词gajiti后接指动物的名词时，词义是"饲养"；接指植物或蔬菜的名词时，词义是"种植"或"栽培"。

4 Poznata je po proizvodima od mleka, mesa i vune. 前置词po后接第七格，biti poznat po ... 意思是"以……而闻名"，proizvod od ... 前置词od后接第二格，意思是"由……材料制作成的产品"。

5 Osim toga ... 前置词osim后要求第二格，toga是指示代词to的第二格，意思是"除此之外"。

6 ... koji se izvoze u ceo svet. 动词izvoziti加se是被动语态，意思是"……被出口"。

GRAMATIKA
语法知识

1. 塞尔维亚语中大部分阴性名词以元音-a结尾，但也有部分阴性名词以辅音结尾，如本课课文中出现的oblast, svetlost, jesen, večer以及一些其他的这类名词，如：reč, stvar, noć, kap, krv, ljubav, vest, bolest, žalost, mladost, prošlost ... 以-ost结尾的抽象名词，如：žalost, mladost, prošlost ... 也属于以辅音结尾的阴性名词。这类词的变格如下表：

padež	jednina		množina	
N	reč	mladost	reč-i	mladost-i
G	reč-i	mladost-i	reč-i	mladost-i
D	reč-i	mladost-i	reč-ima	mladost-ima
A	reč	mladost	reč-i	mladost-i
V	reč-i	mladost-i	reč-i	mladost-i
I	reč-ju / reč-i	mladošću / mladost-i	reč-ima	mladost-ima
L	reč-i	mladost-i	reč-ima	mladost-ima

第六格（工具格）单数的变化有两种后缀，-ju和-i，以-st结尾的名词在加ju时发生音变，-st+j→-stj→-šć，如：oblašću，bolešću，svetlošću ...

在形容词与这类名词连用时，形容词词尾按照修饰以元音-a结尾的阴性名词变化。

padež	jednina	množina
N	dobra reč	dobre reči
G	dobre reči	dobrih reči
D	dobroj reči	dobrim rečima
A	dobru reč	dobre reči
V	dobra reč	dobre reči
I	dobrom rečju (reči)	dobrim rečima
L	dobroj reči	dobrim rečima

2. 名词**doba**是塞尔维亚语中唯一一个以元音-a结尾的中性名词，其变格与以-o，-e结尾的中性名词变格相同。

padež	jednina		množina	
N	doba	selo	dob-a	sel-a
G	dob-a	sel-a	dob-a	sel-a
D	dob-u	sel-u	dob-ima	sel-ima
A	dob-a	sel-o	dob-a	sel-a
V	dob-a	sel-o	dob-a	sel-a
I	dob-om	sel-om	dob-ima	sel-ima
L	dob-u	sel-u	dob-ima	sel-ima

当形容词连接doba时，形容词词尾按照修饰以元音-o，-e结尾的中性名词变化，如：godišnje doba，omiljeno doba，kišno i sušno doba。

3. 在表示东南西北方向时，如使用表示方向的名词，前面用前置词na；如使用表示方向的形容词，前面用前置词u。

表示方向名词：

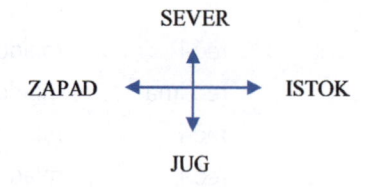

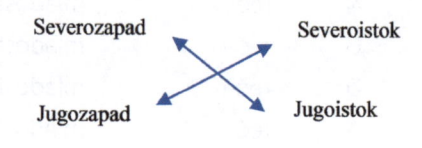

```
        SEVER
          ↑
ZAPAD ←――┼――→ ISTOK
          ↓
         JUG
```

Severozapad ⤫ Severoistok
Jugozapad ⤫ Jugoistok

na severu   na severoistoku
na jugu   na severozapadu
na istoku   na jugoistoku
na zapadu   na jugozapadu

表示方向形容词：
severni, -a, -o
južni, -a, -o
istočni, -a, -o
zapadni, -a, -o

severoistočni, -a, -o
severozapadni, -a, -o
jugoistočni, -a, -o
jugozapadni, -a, -o

u severnom delu   u severoistočnom delu
u južnoj oblasti   u jugozapadnoj oblasti

VEŽBE
练习

1 **Kakvo je vreme u Srbiji?**

u proleće	u leto / leti	u jesen	u zimu / zimi

2 Odgovorite na pitanja.

1. Koje je godišnje doba sad?
2. Koliko traje godišnje doba u Srbiji?
3. Koje je godišnje doba najprijatnije kod vas?
4. Koji mesec je najtopliji, a koji je najhladniji kod vas?
5. Koje je vaše omiljeno godišnje doba? Zašto?

3 Dopunite rečenice rečima u zagradi.

1. Pričao je o .... (svoja mladost)
2. Razgovarali su o .... (neka stvar)
3. Ona nije znala ništa o .... (teške bolesti)
4. Putovali su u .... (ona oblast)
5. Otišli su na more sa .... (velika radost)
6. Došao je sa .... (lepa vest)
7. U .... je prijatno vreme. (rana jesen)
8. Želim ti .... (laka noć)
9. To su uspomene iz .... (njena mladost)
10. Dopunite rečenice .... (sledeće reči)

4 Upišite nazive za strane sveta.

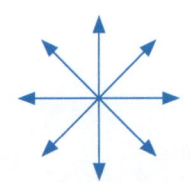

5 Stavite znakom ✓ (tačno) na kockicu.

1. U tropskim oblastima ima četiri godišnja doba ☐
   samo leto ☐
   kišno i sušno doba ☐
2. Svako godišnje doba traje po četiri meseca ☐
   tri meseca ☐
   pet meseci ☐
3. Srbija ima hladnu klimu ☐
   toplu klimu ☐
   umerenu klimu ☐

4. Leti je sad u Srbiji hladno ☐
   toplo ☐
   jako toplo ☐
5. Doba žetve je u proleće ☐
   jesen ☐
   leto ☐
6. Srbija se graniči sa Slovenijom ☐
   Grčkom ☐
   Bugarskom ☐
7. Najveći deo površine Srbije zauzima planinska oblast ☐
   panonska oblast ☐
   oblast ravnice ☐
8. Čuveni sir, kajmak i pršuta se prave u ravnicama ☐
   planinskim oblastima ☐
   dolinama reke ☐
9. Iz Zlatibora se izvoze meso ☐
   vuna ☐
   džemperi ☐
10. Zemlja i klima su pogodne za pšenicu na severu Srbije ☐
    jugu Srbije ☐
    istoku Srbije ☐

6 Završite rečenice predloškom konstrukcijom kao u primeru.

Reka se nalazi .... (zapad grada)
Reka se nalazi na zapadu grada.
Reka se nalazi .... (zapadni deo grada)
Reka se nalazi u zapadom delu grada.

1. Ravnica se nalazi .... (sever)
2. Ravnica se nalazi .... (severni deo)
3. Planine su .... (južni deo)
4. Planine su .... (jug)
5. Fabrike hrane su .... (severna Srbija)
6. Fabrike hrane su .... (sever Srbije)
7. Najviše planine su .... (zapad i jug)
8. Najviše planine su .... (severna i južna oblast)
9. Mnogo rudnika ima .... (istok zemlje)
10. Mnogo rudnika ima .... (istočni deo zemlje)

7 Dopunite rečenice sledećim parom priloga ili zamenica kao u primeru.

gde-negde, ko-neko, šta-nešto, kuda-nekuda, kad-nekad

- .... si čitao kod kuće?
- Kod kuće sam čitao .... o umetnosti.
- Šta si čitao kod kuće?
- Kod kuće sam čitao nešto o umetnosti.

1. - .... želite da putujete?
   - Želim da putujem .... prema jugu zemlje.
2. - .... te je tražio juče?
   - .... me je tražio juče, ali nisam bio kod kuće.
3. - .... moraš da kupiš?
   - Moram da kupim .... za poklon.
4. - .... bi voleo da provedeš odmor?
   - Voleo bih da provedem odmor .... na moru.
5. - .... se to dogodilo?
   - To se dogodilo .... u prošlom veku.

8 Stavite reči proizvoditi i proizvod na odgovarajuće mesto kao u primeru.

Fabrika .... hranu.   Njeni .... su odlični.
Fabrika proizvodi hranu.   Njeni proizvodi su odlični.

1. Kineske fabrike .... razne stvari.
2. Srbija uvozi razne .... iz Kine.
3. Da li seljaci na Zlatiboru .... najbolje pršute?
4. Koja zemlja .... najbolje automobile?
5. Probajte odlične .... u ovoj oblasti.
6. Koji .... prave žene iz sela Sirogojno.
7. Ova fabrika .... razne namernice.
8. Kineski .... su odlični svuda u svetu.
9. Francuska .... poznata vina.
10. .... od mleka su omiljeni u Evropi.

9 Dopunite rečenice odgovarajućim oblicima kao u primeru.

Selo Sirogojno je poznato po .... (džemper)
Selo Sirogojno je poznato po džemperu.

1. Ova oblast je poznata po .... (proizvodi od voća)
2. Francuska je poznata po .... (odlična vina)
3. Ovo malo selo je poznato po .... (sir, kajmak i pršuta)
4. Gradić je poznat po .... (fabrika hrane)
5. Teniser Novak Đoković je poznat po .... na Grend slemovima. (uspesi)
6. Spomenik je poznat po .... (prošlost)
7. Oni su poznati po .... (večna ljubav)
8. Taj grad je poznat po .... (prijatna jesen)

10 Gde se nalazi Kina i sa kojim zemljama se graniči?

DOMAĆI ZADATAK
家庭作业

1 Obeležite znakom ✓ (tačno) i ✗ (netačno) sledeće rečenice.

1. Srbija ima četiri godišnja doba.
2. Proleće je najprijatniji period u godini.
3. U planinskim oblastima Srbije zima traje više od tri meseca.
4. Ravnice zauzimaju najveći deo površine Srbije.
5. U Srbiji, u poslednje vreme zimi često pada veliki sneg.
6. U pustinjama je uvek leto.
7. Na Arktiku je uvek zima, a na Antarktiku je uvek leto.
8. Ljudi ne vole leto jer je toplo.
9. Panonska nizija se nalazi na jugu Srbije.
10. Seljaci u planinskim oblastima gaje i voće i ovce.

2 Dopunite rečenice odgovarajućim oblicima.

1. Čitam mnogo .... (nove vesti)
2. Seljaci u .... gaje pšenicu i kukuruz. (ova oblast)
3. U učionici nema dovoljno .... (svetlost)
4. Ne voli da razgovara o .... (ona stvar)
5. U .... često pada kiša. (jesen)
6. Pričao je o vama .... (lepe reči)
7. Radio je s .... (bolest)
8. U .... leto nije toliko toplo. (prošlost)
9. Dobio je .... za nos od lekara. (kapi)
10. Juče je učio do .... (ponoć)

3 Dopunite rečenice.

1. Srbija se graniči sa Mađarskom na .... (sever)
2. U .... i .... Srbiji se nalaze najviše planine. (zapadni, južni)
3. Sunce izlazi na .... (istok), a zalazi na .... (zapad)
4. Zimi ne pada sneg u .... Kine. (južni deo)
5. Zlatibor se nalazi u .... Srbije. (zapadni deo)
6. Niš se nalazi na .... Srbije. (jug)

4 Poznat (-a, -o) po+lokativ.

1. Po čemu je poznat Zlatibor?
2. Po čemu je poznato selo Sirogojno?
3. Po čemu je poznata Panonska nizija?
4. Po čemu je poznat vaš grad?
5. Po čemu je poznata oblast gde se nalazite?

5 Odgovorite na pitanja.

1. Kakva je klima u Kini?
2. Zašto neki ljudi vole proleće, a neki jesen?
3. Kada seljaci imaju najviše posla u poljima?
4. Gde se nalaze ravnice u Kini?
5. Kakva je klima u vašem mestu?

DRUŠTVENO-KULTURNA BAŠTINA
社会·文化点滴

东西方的十字路口——塞尔维亚

　　塞尔维亚，是位于欧洲东南部、巴尔干半岛中部的内陆国，国土面积为8.85万平方公里（含科索沃地区）。塞尔维亚一共与8个国家为邻：北部匈牙利、东北部罗马尼亚、东部保加利亚、南部阿尔巴尼亚、东南部北马其顿、西北部克罗地亚、西部波黑和黑山，边界总长2457公里。塞尔维亚在巴尔干半岛上所处的地理位置使其成为西欧、中欧、东欧，以及近东和中东之间的天然桥梁和交叉路口。

　　几个世纪以来，塞尔维亚一直是连接东西方的纽带和桥梁。不同的文明、文化、宗教、气候和地貌都在这里交融并交汇。塞尔维亚北部属温带大陆性气候，南部受地中海气候影响，四季分明，夏季炎热左右。

　　塞尔维亚被称作东西方的十字路口，是连接欧洲、亚洲和非洲的陆上重要通道。贝尔格莱德机场则是欧洲的一个重要空港，是几条主要空中航运干线的中转站。作为多瑙河流域国家，欧洲第二大河多瑙河（Dunav）的五分之一，从塞尔维亚穿流而过，两岸汇集了令人赞叹的地理、地质、文化和历史遗址。多瑙河是塞尔维亚连接海上航线的重要河流，同时也是泛欧洲运输网络第七走廊的一部分，为货航运和观光游览创造了良好的条件。

　　位于东西方十字路口的塞尔维亚，既有独特的自然景观，也有丰富的历史文化遗产，在数世纪的兴衰上，曾多次成为世界和欧洲重大事件的焦点。

5

PETA JEDINICA

第 五 单 元

PUTOVANJE I IMENA MESTA
旅行和地名

TEKST A
课文A

PUTOVANJE NA MORE

Sonja: Romina, vidi ovaj oglas! "Provedite leto s nama". Letovanje u hotelu "Libertas". Pansion po osobi u dvokrevetnoj sobi je 5000 dinara u avgustu.

Romina: U kom mestu je hotel?

Sonja: U Kotoru. To je divan srednjovekovni gradić u Crnoj Gori.

Romina: Znam. Petrovi i Zorini prijatelji su tamo letovali. Kakav je taj hotel?

Sonja: Hotel ima svoju plažu, restoran, sportske terene, a svaka soba ima besplatni WiFi, TV sa satelitskim programima, klima-uređaj i mini bar.

Romina: Da li je u cenu uključen doručak, ili i ručak?

Sonja: To je cena sa noćenjem sa doručkom i ručkom.

Romina: Kako ćemo putovati do Kotora? Hoćemo svojim kolima?

Sonja: Nažalost, nemam još svoja kola. Putovaćemo prvo vozom do Bara, zatim autobusom do Kotora.

Romina: U redu. Kad bismo išle? Moram se vratiti do 16. avgusta.

Sonja: Zvaću hotel i rezervisaću sobu od 1. do 15. avgusta. Ostaćemo dve nedelje.

ŽELEZNIČKA STANICA

Sonja: Molim vas dve karte prvog razreda za Bar.

Službenik: Za koji datum?

Sonja: Za 1. avgust.

Službenik: Želite li povratnu kartu?

Sonja: Da, dve povratne karte.

Službenik: Znači, polazak prvog avgusta. A povratak?

Sonja: 15. avgusta. Kada polazi voz?

Službenik: U 22.50, a stiže u Bar oko 7 sati ujutro.

U KOTORU

Sonja:	Imali smo sreće i nismo dugo čekali autobus za Kotor.
Romina:	Da. Brzo smo stigle i uživala sam u putovanju.
Sonja:	Čija je ta torba?
Romina:	Moja je. Uzmi!
Sonja:	Nemojmo da zaboravimo svoje kofere!
Romina:	Neka vozač prvo iznese iz autobusa!
Sonja:	Pogledaj dobro koji su naši koferi!
Romina:	Da li znaš gde se nalazi hotel?
Sonja:	Bila sam ovde pre desetak godina, ali sad nisam sigurna da li treba da idemo pravo ili levo.
Romina:	Pitaj nekoga?
Sonja:	Izvinite, molimo vas, znate li gde je hotel "Libertas"?
Mladić:	Kako da ne! Idite pravo, pređite ulicu, skrenite u drugu ulicu levo i stići ćete do malog parka. Prođite kroz park i videćete taj hotel.
Sonja:	Hvala vam!

NOVE REČI I IZRAZI
词汇和表达

pansion *m.*	包食宿	**kofer** *m.*	旅行箱
plaža *ž.*	海滩	**izneti** *iznesem svrš.*	搬出；提出
Kotor *m.*	科托尔（黑山沿海城市）	**preći** *pređem svrš.*	走过，通过
Bar *m.*	巴尔（黑山港口）		
besplatan, *besplatna, -o prid.*	免费的，无偿的	**dvokrevetna soba**	双床间
cena *ž.*	价格	**srednjovekovni gradić**	中世纪小城
nažalost *pril.*	遗憾地	**sportski teren**	运动场地
polazak *m.*	出发，动身	**satelitski program**	卫星节目
povratak *m.*	返回；归还	**klima-uređaj**	空调
uživati *-am nesvrš.*	享受	**mini bar**	小冰箱
čiji, -a, -e *zam.*	谁的	**prvi razred**	一等
torba *ž.*	包，袋子	**povratna karta**	往返票

NAPOMENE
课文讲解

1 Pansion po osobi ... po后接第七格，po osobi意思是"按照每人"，pansion是指住宿费中包含一日两餐，也就是早餐加午餐或加晚餐。pun pansion是指"住宿费含一日三餐"。

2 U kom mestu je hotel? kom是疑问代词koji的阳性和中性单数第七格，koji第七格变化形式可以是kom(u)或kojem(u)。

3 nažalost是副词，用在句首后需要接逗号，同样的意思也可用前置词na接名词žalost的第四格na žalost这一前置词词组表示，nažalost=na žalost。

4 Kad bismo išle? 是动词假定式，表示愿望用法，意思是"你们打算什么时候去？"。

5 ... uživala sam u putovanju. 动词uživati常与前置词u连用，后接第七格，指"享受……"。

6 Kako da ne! 在做回答时表示同意或赞同的语气，指"怎么不可以呢/怎么不知道呢！"。

7 ... pređite ulicu ... 与Prođite kroz park ... 动词preći意思是"从……上面或旁边过去"，而动词proći是指"从……中间穿过去"，这里使用了动词preći和proći第二人称复数命令式。

IMENA ULICA, SPOMENIKA I MUZEJA

Konstantin je bio rimski car. Niš je njegov rodni grad. Konstantinov spomenik je danas tamo, a niški aerodrom se zove Konstantin Veliki. Konstantinov grad je bio Konstantinopolj. Danas se taj grad zove Istanbul.

Knez Mihailo Obrenović je bio srpski vladar. Bio je veoma lep i pametan čovek. Mihailov otac, Miloš Obrenović, takođe je srpski vladar. Miloševa žena bila je Ljubica Obrenović. Ona je bila Mihailova majka. U Beogradu je Ljubičina kuća. Knez Mihailova ulica je najpoznatija pešačka zona i trgovački centar Beograda.

Dositej Obradović je bio najveći srpski pisac 18. veka i velik putnik. Radio i učio je u mnogim zemljama. Znao je i mnoge strane jezike. Dositejeve knjige se sastoje iz mudrih misli koje je prevodio sa stranih jezika. Bio je ministar prosvete i osnovao Visoku školu u Beogradu. U Beogradu je danas Dositejev muzej i Dositejeva ulica. U Univerzitetskom parku se nalazi Dositejev spomenik.

Jovan Jovanović Zmaj je bio srpski pesnik i urednik književnih časopisa. Rođen je 1833. u Novom Sadu. Osnovnu školu i gimnaziju pohađao je u svom rođenom gradu. Završio je prava u Beču po želji svog oca, a medicinu u Budimpešti. Jovini tekstovi su često objavljivani u časopisu Zmaj, po kojem je i dobio nadimak. Pisao je političke i satiričke pesme, a uveo je dečiju poeziju kao novu lirsku vrstu u srpskoj poeziji. Zmaj Jovine pesme su i danas veoma popularne. Njegova ulica se zove Zmaj Jovina ulica. Zmaj Jovina kuća je danas muzej.

Marija Trandafil (1816—1883) je bila veoma bogata žena. Bila je najveća dobrotvorka kod Srba. Rođena je u imućnoj novosadskoj porodici. Marijin otac je bio poznati novosadski trgovac. Pomagala je siromašnim, nemoćnim i bolesnim ljudima. Vodila je brigu o deci bez svojih roditelja. Marijina kuća je bila prvo srpsko sirotište. Danas je tu Matica srpska-velika srpska biblioteka.

NOVE REČI I IZRAZI
词汇和表达

Konstantin *m.*	康斯坦丁	politički, *-a, -o prid.*	政治的
Niš *m.*	尼什（塞尔维亚城市名）	satirički, *-a, -o prid.*	讽刺的
aerodrom *m.*	飞机场	pesma *ž.*	歌，诗歌
Konstantinopolj *m.*	君士坦丁堡	muzej *m.*	博物馆
Istanbul *m.*	伊斯坦布尔	dobrotvorka *ž.*	女慈善家
knez *m.*	大公，公爵	imućan, *imućna, -o prid.*	富有的
pisac *m.*	作家	novosadski, *-a, -o prid.*	诺维萨德的
sastojati se *sastojim nesvrš.*	由……组成	trgovac *m.*	商人
putnik *m.*	旅行家；旅客	pomagati *pomažem nesvrš.*	帮助
prevesti *prevedem. svrš.*	翻译；引导	siromašan, *siromašna, -o prid.*	贫穷的
ministar *m.*	部长	nemoćan, *nemoćna, -o prid.*	体弱的；无能为力的
prosveta *ž.*	教育		
pesnik *m.*	诗人	sirotište *s.*	孤儿院
urednik *m.*	编辑		
pohađati *-am nesvrš.*	上学，上课	rodni grad	出生城市
pravo *s.*	法律；权利	pešačka zona	步行区
Beč *m.*	维也纳	trgovački centar	商业中心
želja *ž.*	愿望，心愿	mudra misao	智慧的思想
medicina *ž.*	医学	visoka škola	高等学校
Budimpešta *ž.*	布达佩斯	književni časopis	文学杂志
tekst *m.*	文章；课文	dečija poezija	儿童诗歌
objavljivan, *-a, -o prid.*	被发表，被刊登	nova lirska vrsta	新抒情类诗歌
zmaj *m.*	龙	voditi brigu o ...	关心……
nadimak *m.*	绰号，外号	Matica srpska	塞尔维亚出版社

NAPOMENE
课文讲解

1 Mihailov otac, Miloš Obrenović, takođe je srpski vladar. Miloš Obrenović是Mihailov otac的同位语，与其一起在句中做主语。

2 Dositejeve knjige se sastoje iz mudrih misli koje je prevodio sa stranih jezika. 动词sastojati se后接前置词iz（或sa），后要求第二格，意思是"由……组成或构成的"，名词misao是以辅音结尾的阴性名词，复数一格是misli，复数二格也是misli。动词prevoditi后接前置词sa后要求第二格，指"从……语言翻译过来"。

3 Završio je prava u Beču po želji svog oca. prava是pravo复数第四格，名词pravo词义有"权利、正确、法律"，当指法律专业时，用复数形式prava。

4 Jovini tekstovi ... u časopisu Zmaj, po kojem je i dobio nadimak. Jovin是由名字Jova派生的物主形容词，Jova是Jovan的简称。前置词po后接第七格，指"依据，按照……"，kojem是关系代词koji的阳性单数第七格变化形式，它代的是Zmaj。

5 ... a uveo je dečiju poeziju kao novu lirsku vrstu u srpskoj poeziji. 动词uvesti后接第四格，意思是"把……引进来"，kao是连词，意思是"作为……"，词组nova lirska vrsta也由于动词uvesti要求变为第四格novu lirsku vrstu。

6 Vodila je brigu o deci ... voditi brigu o后接第七格，意思是"关心……"。

GRAMATIKA
语法知识

1 动词命令式

动词命令式是动词带人称的一种变化形式，表示命令、请求、希望进行或完成某个动作。动词命令式经常用在直接引语中，它只有第二人称单数（你）、第一人称复数（我们）和第二人称复数（你们）这三种人称变化形式。

动词命令式构成：不需要助动词，直接在动词现在时第三人称复数去掉词尾-e，-u，或-ju后加两种类型后缀，如下表：

	第二人称单数	第一人称复数	第二人称复数
第一类	-i	-imo	-ite
第二类	-j	-jmo	-jte

当动词现在时第三人称复数词尾是-e或-u，并且在它们之前没有出现响辅音j时，其命令式按照第一类变化，如：动词videti第三人称复数vide，去掉词尾-e，变为vidi；vidimo，vidite，动词ići第三人称复数idu，去掉词尾-u，变为idi，idimo，idite。当动词现在时第三人称复数词尾是-ju或-je时，其命令式按照第二类变化，如：pitati第三人称复数pitaju，去掉词尾-ju，变为pitaj，pitajmo，pitajte；动词stajati第三人称复数stoje，去掉词尾-je，变为stoj，stojmo，stojte。

而当对第三人称单、复数使用命令式时，使用语气词neka+动词现在时第三人称单数或复数形式，如：动词ići第三人称单数Neka (on ili ona) ide. 第三人称复数Neka (oni ili one) idu. 动词pitati: Neka (on ili ona) pita. Neka (oni ili one) pitaju。

动词命令式的否定式有两种形式，第一种是使用表示否定的语气词ne+动词命令式，第二种是使用表示否定的语气词nemoj，nemojmo，nemojte+da+动词现在时（或者直接加动词不定式），这种形式的命令语气比前者缓和，以动词ići为例：

	第二人称单数	第一人称复数	第二人称复数
第一种	Ne idi	Ne idimo	Ne idite
第二种	Nemoj da ideš (Nemoj ići)	Nemojmo da idemo (Nemojmo ići)	Nemojte da idete (Nemojte ići)

2 后缀为-ov，-ev，-in的物主形容词

它们与名词连用表示与名词概念的所属关系，这类物主形容词由人名加后缀-ov，-ev，-in派生，派生出来的物主形容词第一个字母仍然大写。除人名外，一些有生命的名词也以此方式派生出物主形容词。

具体变化如下：以元音-a结尾的名词后加后缀-in，以软腭辅音-j，-lj，-nj，-đ，-č，-ć，-dž，-ž，-š结尾的名词后加后缀-ev，其余词尾加后缀-ov。有些词在加后缀后会发生音变，如：otac-očev，Zorica-Zoričin。

	单数形容词性词尾			复数形容词性词尾		
	阳性	阴性	中性	阳性	阴性	中性
Petar	Petrov	Petrova	Petrovo	Petrovi	Petrove	Petrova
Marko	Markov	Markova	Markovo	Markovi	Markove	Markova
Miloš	Miloševa	Miloševa	Miloševo	Miloševi	Miloševe	Miloševa
prijatelj	prijateljev	prijateljeva	prijateljevo	prijateljevi	prijateljeve	prijateljeva
Ana	Anin	Anina	Anino	Anini	Anine	Anina
Nikola	Nikolin	Nikolina	Nikolino	Nikolini	Nikoline	Nikolina
Ljubica	Ljubičin	Ljubičina	Ljubičino	Ljubičini	Ljubičine	Ljubičina
sestra	sestrin	sestrina	sestrino	sestrini	sestrine	sestrina

3 **反身物主代词 svoj**
它变化如同其他物主代词，有性、数、格的形式，可以代任何人称，在句中指代主语。
如：

Ja sam u svom stanu.   Mi smo u svom stanu.
Ti si u svom stanu.   Vi ste u svom stanu.
On (ona) je u svom stanu.   Oni (one) su u svom stanu.

格	单数			复数		
	阳性	中性	阴性	阳性	中性	阴性
1.	svoj	svoje	svoja	svoji	svoja	svoje
2.	svojeg / svog		svoje	svojih		
3.	svojem / svom		svojoj	svojim		
4.	同第一格或第二格	svoje	svoju	svoje	svoja	svoje
5.	svoj	svoje	svoja	svoji	svoja	svoje
6.	svojim		svojom	svojim		
7.	svojem / svom		svojoj	svojim		

VEŽBE
练习

1 **Dopunite rečenice.**

1. Ovo je .... (Nikola) ulica.
2. Da li je ovo .... (Marko) stan?

3. .... (Miloš) knjiga je na stolu.
4. Gde su .... (Jova) prijatelji?
5. Da li su tu .... (Jovan) drugovi?
6. Ovde su .... (Milica) drugarice?
7. .... (Đorđe) roditelji su u školi.
8. .... (Novak) restoran se nalazi na Novom Beogradu.
9. Daleko je .... (Jelena i Aleksandar) kuća.
10. Ona je .... (Saša i Nada) kćerka.

2 Odgovorite na pitanja.

- Čija je ovo torba? (Sonja)
- Ovo je Sonjina torba.

1. Čiji je ovo spomenik? (Konstantin)

2. Čiji je ovo muzej? (Dositej)

3. Čija je ovo kuća? (Marija)

4. Čije je ovo dete? (Ljubica)

5. Čiji su oni prijatelji? (Petar i Zora)

6. Čija su to kola? (Darko)

7. Čije su tamo cipele? (Zorica)

8. Čije su ovo knjige? (Nataša)

9. Čije su to pesme? (Zmaj)

10. Čija je to porodica? (Popović)

3 Promenite rečenice prema modelu.

Ana: Moja drugarica je iz Kine.
Sonja: Anina drugarica je iz Kine.
Njena drugarica je iz Kine.

1. Jelica: Moj stan je u centru grada.
   Slavica:
2. Radivoj: Moje vino je na stolu.
   Mladen:
3. prijatelj: Moj posao je interesatan.
   Marko:
4. sestra i brat: Naša škola nije daleko od kuće.
   mlađi brat:
5. mama i tata: Naši gosti će doći kod nas.
   sin:

4 Povežite kolone A. i B. prema tekstu.

A.
1. On je srpski vladar.
2. Ona je velika dobrotvorka.
3. On je poznat pisac.
4. On je rimski car.
5. On je pesnik i lekar.

B.
a) Jovan Jovanović Zmaj
b) Knez Mihailo Obrenović
c) Marija Trandafil
č) Dositej Obradović
ć) car Konstantin

5 Završite sledeće rečenice zamenicom **svoj**.

1. Svi učenici u školi imaju _____ knjige.
2. Romina je zaboravila _____ torbu u autobusu.
3. Da li nosite _____ kofere na put.
4. Taj hotel na moru ima _____ plažu i bazen.
5. Sviđa mu se _____ novi posao.
6. Mej Vang misli o _____ roditeljima kad je u Beogradu.
7. Putovao sam u Smederevo _____ kolima.
8. Mi nemamo _____ stan u gradu, ali imamo _____ kuću u selu.
9. Marko je išao u bioskop sa _____ prijateljem i sreo je _____ drugara.
10. Sonja je putovala u Bar sa _____ prijateljicom vozom. U vozu su srele njenu drugaricu.

6 Dopunite kao u primeru.

Treba da idete. → idite!

1. Treba da čekamo ovde.
2. Treba da pazite kada putujete.
3. Treba da dođeš u 7 sati.
4. Treba da žurimo.
5. Treba da zaboravite sve.
6. Uvek treba da slušaš mamu.
7. Treba da stojite ovde.
8. Treba da to jedete.
9. Treba da ga isečeš.
10. Treba da nam kažete.

7 Dopunite kao u primeru.

Ne možeš ići. → Nemoj da ideš!

1. Ne možeš gledati ovaj film.
2. Ne možete kasniti.
3. Ne možemo zaboraviti.
4. Ne možete doći sad.
5. Ne možeš spavati ovde.
6. Ne možemo jesti više.
7. Ne možeš sedeti ovde.
8. Ne možete uzeti ove stolice.
9. Ne možeš danas ustati kasno.
10. Ne možemo razgovarati na času.

8 Ispravite greške u korišćenju zamenica.

Milan i svoja žena idu u restoran. Tamo su i svoji prijatelji. Oni slave rođendan Milanove žene. Za nju je to iznenađenje.
Ovaj restoran je svoje omiljeno mesto. On uvek ima njegov sto tamo. Konobari znaju i svoju omiljenu hranu. Međutim, ovaj put Milan želi nešto drugo. Kuvari su spremili nešto specijalno za svoj rođendan. Milan želi da njegova žena bude srećna.
Kada su konobari doneli večeru, Milan je video da je njegova ideja iznenadila sve. Na tanjirima su kineska jela. Svako je pojeo njegovo jelo. Svoja žena je bila zadovoljna i rekla da je kineska njena omiljena hrana.

9 Popunite prazna mesta sledećim rečima.

putovati, put, putnik, putovanje

1. Sonja je zaboravila .... do hotela.
2. Njena drugarica se vratila s .... po Francuskoj.
3. .... je bilo vrlo prijatno.
4. Mario će sutra .... u Rim.
5. Romina je uživala u .... na more.
6. .... su imali mnogo kofera u vozu.
7. Kad neko putuje kažemo: "Srećan .... !"
8. One su .... u Bar vozom.
9. Na železničkoj stanici su .... izašli s voza.
10. .... avionom je brže nego vozom.

10 Vežbajte u parovima.

Kupujete voznu kartu. Upotrebite sledeće reči:
polaziti, polazak, stizati, povratak, povratna karta

DOMAĆI ZADATAK
家庭作业

1 Odgovorite na pitanja kao u primeru.

- Čiji je ovo bicikl?
- Ovo je Markov bicikl.

1. Čiji je ovo automobil? (Nikola)
2. Čiji je to stan? (Petar)
3. Čija je ovo knjiga? (Irina)
4. Čije su cipele? (Ana)
5. Čiji je ovo kofer? (Đorđe)
6. Čija su to kola? (Miloš)
7. Čiji je muzej? (Dositej)

8. Čije je pero? (Mihajlo)
9. Čija je sestra? (Marija)
10. Čiji je danas rođendan? (Sonja)

2 Dopunite rečenice zamenicom **svoj, -a, -e**.

1. Da li kupuješ poklon .... roditeljima?
2. Pričala su o .... zemljama.
3. Zaboravio sam .... rečnik, mogu li da uzmem tvoj?
4. Ona je putovala sa .... prijateljicom na more.
5. Da li putujete .... kolima?
6. Mi smo završili .... zadatak.
7. Roditelji su vodili brigu o .... deci.
8. Romina je uživala u .... putovanju.
9. Putnik je zaboravio .... ručni prtljag na stanici.
10. Ova kuća ima .... baštu.

3 Stavite rečenice u imperativ.

1. Ići / pravo / i proći / park. (ti)
2. Preći / ulica / i skrenuti / desno. (vi)
2. Kazati /mi / mesto i datum rođenja. (ti)
3. Slušati / muzika / zajedno. (mi)
4. Napisati / domaći zadatak / odmah. (vi)
5. Dati / mu / taj bicikl. (ti)

4 Glagole u zagradi stavite u odgovarajuće lice imperativa.

1. .... (doneti - vi) mi te knjige sa stola!
2. .... (napraviti - ti) joj sok, molim te!
3. .... (reći - ti) im da sutra dolazimo!
4. .... (iseći -vi) beli luk!
5. .... (pročitati - ti) nam još jednu rečenicu!
6. .... (slušati - mi) još jedan put dobro!
7. .... (ostaviti - mi) te igračke na svoje mesto!
8. .... (pomoći - vi) im da završe taj posao!
9. .... (pojesti - ti) taj kolač!
10. .... (popiti - vi) čašu vina!

5 **Napravite prisvojne prideve od sledećih imenica.**

Svetlana	Nataša
Milivoj	Jelena
Petar	tata ....
Siniša	baba
prijatelj	deda
Darko	sestra ....
Đorđe	brat ....
Bora	otac ....
Pavle	majka ....
Aleksandar	Aleksandra

DRUŠTVENO-KULTURNA BAŠTINA
社会·文化点滴

中国企业在欧洲建成的首条高速公路
——塞尔维亚E763高速公路项目

　　塞尔维亚E763高速公路全长约300公里，连接塞尔维亚首都贝尔格莱德至黑山共和国边境城市比耶洛波列（Bijelo Polje）。塞尔维亚E763高速公路是中国-中东欧国家合作框架下首个落地的基础设施项目，也是中国企业在欧洲承建的第一条高速公路。它是塞尔维亚连接黑山出海口的重要通道，也是连接巴尔干地区与周边国家的运输大动脉。

　　中国企业以施工总承包模式承建该项目3、5标段，全长51公里，合同金额3.75亿美元，设计速度130公里/时，双向4车道；后因项目实施出色，又承接第4标段修复升级工程。2019年8月18日，塞尔维亚E763高速公路举行通车仪式，标志着这一项目的正式完工。当天，塞尔维亚国家电视台对E763高速公路通车仪式进行直播报道。塞尔维亚总统武契奇还坐上敞篷巴士，成为E763高速公路通车后的第一批乘客。

　　中国在改革开放之初曾派访问团去前南"取经"，学习他们的成功发展经验。20世纪90年代初，来自前南的公司，曾为"山东第一路"济青高速公路提供了技术和管理经验。而30年后，活跃在塞尔维亚基础设施建设现场的，正好有来自中国山东的企业和工程技术人员，他们完成了这条"欧洲第一路"，将"中国标准"带到了欧洲。这种"你来我往"，既像是历史的巧合，又正是中塞几十年来友谊接力的体现，同时也体现了中国基建的高速发展。

ŠESTA JEDINICA

6

第六单元

ŽIVOTINJE
动物

TEKST A
课文A

KUĆNI LJUBIMCI

Poznato je da su životinje verni čovekovi prijatelji. Međutim, ljudi ponekad izgube kućnog ljubimca ili ga ostave. Ima mnogo priča o životinjama koje su prešle dug put da ponovo nađu svog gazdu.

Ovo je priča o mačku Mišku. Živeo je u porodici sa troje dece u jednoj seoskoj kući. Tu je uvek bilo mnogo posla za njega. Ali, Miško je više voleo da jede jaja nego da traži miševe. Zato je gazda odlučio da ga odnese daleko od kuće i ostavi. Mesec dana kasnije, svi u kući su mislili da više nikada neće videti Miška. Međutim, jednog dana kad su otvorili vrata, mačak je ušao u kuću. Prešao je trideset kilometara, morao je da pređe preko reke Drine i prođe nekoliko sela. Vratio se mršav, umoran i gladan. Deca su bila presrećna kad je otac dozvolio da njihov ljubimac ostane u kući.

Nauka je ispitivala odnos između ljudi i njihovih kućnih ljubimaca. Porodice koje imaju psa, mačku ili neku drugu životinju srećnije su i zdravije. Gradske porodice obično imaju jedno ili dva deteta. Kućni ljubimci su naročito potrebni deci koja su često sama kod kuće dok su njihovi roditelji na poslu.

Jedno ispitivanje je pokazalo da mladi više vole svoje životinje od muzike i moderne odeće. Deca koja rastu uz životinje uče da se brinu o nekome, manje su sebična i stidljiva.

NOVE REČI I IZRAZI
词汇和表达

ljubimac *m.*	宠物	**ostaviti** *-im svrš.*	抛弃；放置
životinja *ž.*	动物	**priča** *ž.*	故事
veran, *verna, -o prid.*	忠诚的；确实的	**gazda** *m.*	主人；老板
izgubiti *-im svrš.*	丢失；失利	**mačak** *m.*	公猫

mačka ž.	猫	odnos m.	关系
deca zb. im.	儿童，小孩	pas m.	狗
miš m.	老鼠，鼠标	dete s.	儿童，小孩
odneti odnesem svrš.	拿走，带走	ispitivanje s.	考察研究；询问
Drina ž.	德里纳河	sebičan sebična, -o prid.	自私自利的
mršav, -a, -o prid.	瘦的，瘦弱的	stidljiv, -a, -o prid.	害羞的，腼腆的
presrećan, presrećna, -o prid.	非常幸福的		
dozvoliti -im svrš.	允许，许可	seoska kuća	农舍，农村房子
nauka ž.	科学	odnos između ... i ...	……与……之间的关系
ispitivati ispitujem nesvrš.	考察研究；询问	gradska porodica	城市家庭

NAPOMENE
课文讲解

1 Poznato je da ... 这种句型主句谓语部分用第三人称单数中性形式，指众所周知的是连词da后面所指的内容。

2 ... ljudi ponekad izgube kućnog ljubimca ili ga ostave. 在现在时句中使用完成体动词izgubiti和ostaviti，属于特殊用法，指习惯性的动作。

3 ... nađu svog gazdu. gazda是以元音-a结尾的阳性名词，其语法属性为阴性，变格也按照以元音-a结尾的阴性名词（如：žena），但由于其自然属性为阳性，所以修饰它的形容词或物主代词须用阳性结尾，这个词组第一格svoj gazda，第四格svog gazdu。

4 Tu je uvek bilo mnogo posla za njega. 是无人称句过去时，现在时无人称句应为动词imati+名词类词或词组第二格句型，这类句型变为过去式时以 ... je bilo或Bilo je ... 替代动词imati。

5 Porodice koje imaju psa ... psa是pas的第四格，复数第一格是psi。

6 Kućni ljubimci su naročito potrebni deci ... deci是deca第三格，在句中充当逻辑主语，语法的主语是ljubimci，它是复数，所以谓语部分也要用复数形式 ... su potrebni。

7 ... dok su njihovi roditelji na poslu. 在复句中表示时间连词dok连接主句和从句，表示主句与从句的动作在同一时间进行。

8 Deca koja rastu uz životinje ... uz后接第四格，指"伴随着"，相当于sa životinjama。

TEKST B
课文B

BEOGRADSKI ZOOLOŠKI VRT

U centru grada, u lepom i mirnom delu Beograda, na Malom Kalemegdanu nalazi se Beogradski zoološki vrt. Poznat je kao Vrt dobre nade i osnovan je 1936. godine. Tada su Beograđani u njemu mogli da vide malo životinja. Danas u njemu živi oko 300 životinjskih vrsta. Ubrzo po otvaranju Beogradski zoološki vrt je postao jedno od najomiljenijih mesta u Beogradu. Godišnje ga poseti više od 400.000 posetilaca.

Nije najveći a možda ni najlepši na svetu, ali je jedinstven jer su kavezi, kućice i bazeni za divlje životinje smešteni unutar zidina stare tvrđave. Tu životinje iz celog sveta žive mirno i bezbedno. U vrtu rade ljudi koji vole životinje i u njemu provode mnogo vremena. Uspeli su da od starog, malog zoološkog vrta naprave prijatno mesto za decu i građane Beograda. Mnogi ljubitelji životinja besplatno rade u vrtu nekoliko sati dnevno ili nedeljno. Oni hrane životinje, čiste kaveze i park. Uvek je bučno i veselo u "Baby-zoo" vrtu (vrt za mladunce) gde ima najviše posetilaca i gledalaca. Tu su zajedno u kavezu "opasni" tigrići, lavići, majmuni ... Neke životinje slobodno šetaju po vrtu i igraju se sa decom. Pored divljih i domaćih životinja, u vrtu su još razne prelepe ptičice, raznobojne ribice.

Posetioci vrta mogu napraviti predah u šetnji na klupicama ili u kafiću koji se nalazi u zoološkom vrtu.

NOVE REČI I IZRAZI
词汇和表达

miran *mirna, -o* prid.	安静的；和平的	hraniti *-im* nesvrš.	喂食；养活
deo m.	部分	čistiti *-im* nesvrš.	打扫，清洁
osnovan, *osnovana, -o* prid.	建立的，创立的	bučno pril.	喧哗地，嘈杂地
vrsta ž.	种类；物种	mladunac m.	幼崽
ubrzo pril.	迅速地，快速地	opasan, *opasna, -o* prid.	危险的
otvaranje s.	打开；开幕	tigrić m.	小老虎
posetiti *-im* svrš.	参观；访问	lavić m.	小狮子
posetilac m.	参观者；访问者	majmun m.	猴子，猿猴
ni vezn.	既不……，也不……	šetati *-am* nesvrš.	散步
jedinstven, *-a, -o* prid.	唯一的；独特的	pored predl.	除……之外；在……旁边
kavez m.	笼子	prelep, *-a, -o* prid.	非常漂亮的
bazen m.	游泳池	ptičica ž.	小鸟
zidina ž.	城墙	predah m.	间歇；喘气
bezbedno pril.	安全地	klupica ž.	小长椅
napraviti *-im* svrš.	制造，制作		
građanin m.	市民	zoološki vrt	动物园
besplatno pril.	无偿地，免费地	Vrt dobre nade	美好希望园
dnevno pril.	每日	divlja životinja	野生动物
nedeljno pril.	每周	domaća životinja	家养动物

NAPOMENE
课文讲解

1 ... na Malom Kalemegdanu nalazi se Beogradski zoološki vrt. Mali Kalemegdan是位于Kalemegdan公园北面的一个小公园的名称，作为专有名词两个词首字母大写，这里坐落着贝尔格莱德动物园。

2 Ubrzo po otvaranju ... 前置词po后接第七格表示时间，"在……以后"，意思是"自从动物园开园以后"。

3 Nije najveći a možda ni najlepši na svetu ... ni是表示否定意思的连词，只能用于否定句中表示连续否定，意思是"既不……，也不……"。

4 ... od starog, malog zoološkog vrta naprave prijatno mesto ... 动词 napraviti ... od ... 意思是"由……制造或建造成……"，napraviti后接第四格，前置词od后接第二格。

5 ... u "Baby-zoo" vrtu (vrt za mladunce) gde ima ... gde是连词，在复句中连接主句中表示地点的词，这里连的是vrt。

6 Neke životinje slobodno šetaju po vrtu i igraju se sa decom. 这里前置词 po后接第七格表示地点或范围，意思是"在……上面，在……范围里"。

7 Pored divljih i domaćih životinja ... 前置词pored后接第二格，表示"除了……"，另外pored后接第二格还可表示位置，指"在……旁边"。

GRAMATIKA
语法知识

1 集合数词

概念：集合数词是表示一定集合概念准确数量的数词。

构成：在基数词词干后加后缀-oje，-oro。除基数词dva，tri后加后缀-oje: dva→dvoje，tri→troje，其余的均加后缀-oro，如：četiri→četvoro，pet→petoro。以此类推šestoro，sedmoro，osmoro，devetoro，desetoro，jedanaestoro，dvadeset dvoje，trideset troje。

（注：基数词1，21，31……没有集合数词形式。）

用法：后面接第二格。

①与以-a，-ad结尾的集合名词连用，如：dvoje dece（两名儿童），četvoro braće（四个兄弟），petoro teladi（五头小牛），šestoro piladi（六只小鸡）。以-ad结尾的集合名词telad，pilad属于以辅音结尾的阴性名词，变格同以辅音结尾的阴性名词-stvar，单数第二格加-i。

②与普通名词连用，指"含有不同性别"，要求名词变为复数第二格，如：troje ljudi（三个不同性别的人），sedmoro učenika（七名不同性别的学生），dvadeset dvoje radnika（二十二名不同性别的工人）。

③与人称代词连用，人称代词用第二格并且位于集合数词前面，指其中含有男性

和女性，如：nas dvoje（我们两个），vas troje（你们三个），njih petoro（他们五个）等。在句中使用时，谓语动词常与人称代词保持一致，如：Nas dvoje učimo. Vas troje učite.

④除与人称代词连用外，集合数词词组在句中使用时谓语动词常用第三人称单数，过去式用第三人称单数中性结尾，如：

Troje dece se igra u dvorištu.
Petoro dece je došlo u školu.

⑤集合数词在前置词后通常不变格，如：

Živeo je u porodici sa troje dece u jednoj seoskoj kući.
Ova su mesta za petoro ljudi.

2 与以-a结尾的集合名词deca，braća连用

名词dete，brat没有复数形式，只有用集合名词deca，braća替代复数，当dete，brat与数字5以上连用时就要使用集合名词，如：

1，jedno dete，jedan brat
2，3，4 dva，tri，četiri deteta，brata（注：dete在变格时出现长尾，二格deteta，三格detetu。）
5，6…… petoro，šestoro … dece，braće（dvoje，troje，četvoro后也可用dece或braće）。

deca，braća这类以元音-a结尾的集合名词变格与以-a结尾的阴性名词单数变格相同。在句中使用时，谓语动词需要用第三人称复数形式，主动形动词和形容词用阴性结尾，如：课文A篇中Deca koja rastu uz životinje uče da se brinu … 动词rasti，učiti，brinuti都是第三人称复数，而在过去式中主动形动词和形容词都用阴性结尾。如：

Deca su bila presrećna.
Deca su se igrala u dvorištu.
Braća su se vratila kući.

3 名词的小称、爱称，由名词加不同后缀派生，可以指小的，也可以指可爱的，如：stočić小桌子，意思相当于mali sto，比sto形状要小，但也可指一张可爱的桌子。

构成：以辅音结尾阳性名词直接加后缀**-ić**，**-čić**，如：grad→gradić，tigar→tigrić，lav→lavić，brat→bratić，sto→stočić。

以元音-a结尾阴性名词去掉-a，加后缀**-ica**，**-čica**，如：kuća→kućica，klupa→klupica，riba→ribica，devojka→devojčica。

中性名词，后缀有**-ce**，**-če**，**-ence**，如：selo→seoce，govedo→goveče，dete→detence。

4 以后缀-lac结尾名词变格

这类词是由动词派生出来的名词，是在动词词干上加表示动作体现者后缀-lac，

意思是"……者",如:posetiti→posetilac(参观者),gledati→gledalac(观看者),čitati→čitalac(读者),slušati→slušalac(听众)。这类词在变格中出现音变l→o(除复数第二格外),以slušalac为例:

	singular	plural
N.	**slušalac**	slušaoci
G.	slušaoca	**slušalaca**
D.	slušaocu	slušaocima
A.	slušaoca	slušaoce
V.	slušaoče	slušaoci
I.	slušaocem	slušaocima
L.	slušaocu	slušaocima

VEŽBE
练习

1 Dopunite tabelu.

	Sg.		Pl.	
N.	dete	brat	deca	braća
G.				
D.				
A.				
V.				
I.				
L.				

2 Popunite praznine odgovarajućom formom imenice **brat** ili **dete**.

To su moja .... (dete)   To su moja deca.

1. Imam dva .... (brat)
2. Kupio je knjigu .... (brat)
3. Misle o njegovom .... (dete)
4. Idem sa .... (brat, pl.) na more.

5. Treba da razgovaraš sa .... (dete, pl.)
6. Razgovaramo o .... (brat, pl.)
7. Otišla je majka s .... (dete)
8. Uradio je sve za .... (brat, pl.)
9. .... (brat), pevaj s nama!
10. Idite, ... (dete, pl.), igrajte se tamo!

3 Preformulišite rečenice tako da imaju isto značenje.

Pored vrata <u>pričaju čovek i žena</u>.   Pored vrata <u>priča dvoje ljudi</u>.

1. Na ulici <u>su tri dečaka i dve devojčice</u>.
   Na ulici .... dece.
2. Ona <u>ima dva sina i ćerku</u>.
   Ona .... dece.
3. <u>Tri studenta i četiri studentkinje pišu</u> zadatak.
   .... zadatak.
4. U učionici <u>sedi deset devojaka i trinaest momaka</u>.
   U učionici .... učenika.
5. U sobi <u>su gledali TV tri dečaka i dve devojčice</u>.
   U sobi .... dece.
6. U prodavnici su bili <u>muškarac i žena</u>.
   U prodavnici .... ljudi.
7. Na poslu <u>su bili tri kolege i jedna koleginica</u>.
   Na poslu .... kolega.
8. U školi <u>su radili četiri učitelja i sedam učiteljica</u>.
   U školi .... učitelja.
9. U razredu <u>uči 19 učenica i 17 učenika</u>.
   U razredu .... učenika.
10. U dvorištu <u>su igrali tri dečaka i jedna devojčica</u>.
    U dvorištu .... dece.

4 Na prazna mesta upišite odgovarajući zbirni broj.
(m.r.=muški rod   ž.r.=ženski rod)

Nas .... (1, m.r. i 1. ž.r.) ne razgovaramo.
Nas dvoje ne razgovaramo.
1. Šta radite vas .... (2, m.r. i 1, ž.r.)?
2. Njih .... (7, m.r. i 1, ž.r.) se znaju odavno.

3. Nas .... (3, m.r. i 2, ž.r.) živimo u istom stanu.
4. Vas .... (3, m.r. i 1, ž.r.) budite dobri!
5. Vas .... (5, m.r. i 5, ž.r.) idite sa mnom!

5 Napišite deminutive sledećih reči.

1. -ić, -čić

cvet _   bicikl _   sat _   brat _
park _   vetar _   televizor _   ključ _

2. -ica, -čica

čaša _   kafa _   soba _   cipela _
mačka _   životinja _   ruka _   ptica _

3. -ce, -ence

pivo _   ogledalo _   uvo _   dugme _

6 Dopunite rečenice kao u primeru.

Mladi više vole svoje životinje od .... (muzika i moderna odeća)
Mladi više vole svoje životinje od muzike i moderne odeće.

1. Više vole pozorište od .... (televizija)
2. Ana spava duže od .... (Marko)
3. Ovaj pas je stariji od .... (tvoj pas)
4. Ova lekcija je teža od .... (četvrta lekcija)
5. Više volim psa od .... (mačka)
6. Psi su verniji od .... (druge životinje)
7. Njihov pas više voli ribu od .... (meso)
8. Pas više jede od .... (mačka)
9. Janis više uči od .... (Džon)
10. Mladi ljudi više vole modernu muziku od .... (klasična muzika)

7 Dopunite niz: posetilac / gledalac / čitalac / slušalac.

1. Ovo je pismo od posetioca .... / .... / ....
2. Razgovaram s / .... / gledaocem / .... / ....
3. Šta mislite o / .... / .... / čitaocu / ....
4. Dragi .... ! / .... ! / .... ! / slušaoče!
5. Ovde su naši posetioci / .... / .... / ....
6. Ima mnogo .... / gledalaca / .... / ....

7. Pišemo imejlove .... / .... / čitaocima / ....
8. Pozdravili smo .... / .... / .... / slušaoce
9. Pričali su o posetiocima / .... / .... / ....

8 Dopunite rečenice kao u primeru.

Kućni ljubimci su potrebni .... (gradska deca)
Kućni ljubimci su potrebni gradskoj deci.

1. Zoološki vrt je potreban .... (veliki grad)
2. Odmor je potreban .... (njeni roditelji)
3. Voda je potrebna .... (tvoj pas)
4. Knjige su potrebne .... (moji studenti)
5. Namirnice su potrebne .... (svaka porodica)
6. Pisaći stolovi su potrebni .... (školski učenici)
7. Mir je potreban .... (mi)
8. Kompjuter je potreban .... (on)
9. Stolice su potrebne .... (vi)
10. Ispitivanje je potrebno .... (ja)

9 Dopunite tabelu i rečenice.

	kakav, -a, -o	kako
1	miran, mirna, -o	mirno
2	slobodan, slobodna, -o	
3	siguran, sigurna, -o	
4	bučan, bučna, -o	
5	veseo, vesela, -o	
6	lep, lepa, -o	
7	težak, teška, -o	
8	lak, laka, -o	

Dopunite rečenice prema tabeli kao u primeru.

U .... (1) delu grada je zoološki vrt.
U mirnom delu grada je zoološki vrt.

1. Koliko je .... (7) tigar?
2. Milica je .... (5) devojka.
3. Ana .... (6) svira.

4. Ova stolica nije _____ (2)
5. Petar vozi brzo, ali _____ (3)
6. U "Baby-zoo" vrtu je uvek _____ (4) i _____ (5)
7. Njen kofer je _____ (8)
8. _____ (7) im je da nauče srpski jezik.
9. Ovo mesto je uvek _____ (1)
10. Sutra će biti _____ (6) vreme.

10 Razgovarajte o kućnim ljubimcima.

- Da li neko ima kućnog ljubimca?
- Ako nema, da li bi voleo (-la) da ima i zašto?
- Kako se brinete o ljubimcima (hrana, kupanje, šetnja, igra ...)?

DOMAĆI ZADATAK
家庭作业

1 Upišite zbirne brojeve.

Imamo _____ (3) dece.   Imamo troje dece.

1. Oni imaju _____ (5) dece.
2. Videli smo _____ (3) neobičnih ljudi u kafiću.
3. Ispred vrata je _____ (2) studenata.
4. U ovoj firmi radi _____ (24) ljudi.
5. _____ (36) učenika će ići na izlet.

2 Dopunite rečenice odgovarajućim oblicima imenice **dete** i **deca**.

Gradske porodice obično imaju dva _____
Gradske porodice obično imaju dva deteta.

1. Koliko _____ ima u vašoj porodici?
2. Moja prijateljica ima dvoje _____
3. Ova porodica ima samo jedno _____

4. U vrtu su četiri ....
5. Ispred televizora je petoro ....

3 **Napišite deminutive sledećih reči.**

test   stolica   ulica   tigar   lav
riba   slika   brat   knjiga   ogledalo

4 **Dopunite rečenice kao u primeru.**

Miško je voleo da jede jaja. Miško nije voleo da traži miševe.
Miško je više voleo da jede jaja nego da traži miševe.

1. Lav voli da spava. Lav ne voli da šeta.
2. Marko voli da izlazi. On ne voli da ostane kod kuće.
3. On voli da igra fudbal. On ne voli da gleda fudbalske utakmice.
4. Posetioci više vole da ulaze u park besplatno. Oni ne vole da plaćaju karte.
5. Deca su volela da njihov ljubimac ostane u kući. Deca nisu volela da ga ostave.

5 **Napravite pitanja sa kakav, -a, -o i kako za sledeće rečenice.**

1. Beogradski zoološki vrt je jedinstven.
2. Mačka spava mirno.
3. Ispit je lak.
4. Stranci teško uče srpski jezik.
5. Ovo mesto je sigurno.
6. Ona je lepa i vesela devojka.

6 **Odgovorite na pitanja.**

1. Kakva su deca koja rastu uz životinje?
2. Gde je uvek bučno i veselo u zoološkom vrtu u Beogradu?
3. Ko radi besplatno u vrtu?
4. Imate li kućnog ljubimca?
5. Koju životinju biste želeli da imate?
6. Gde se nalazi zoološki vrt u vašem gradu i kakav je?

DRUŠTVENO-KULTURNA BAŠTINA
社会·文化点滴

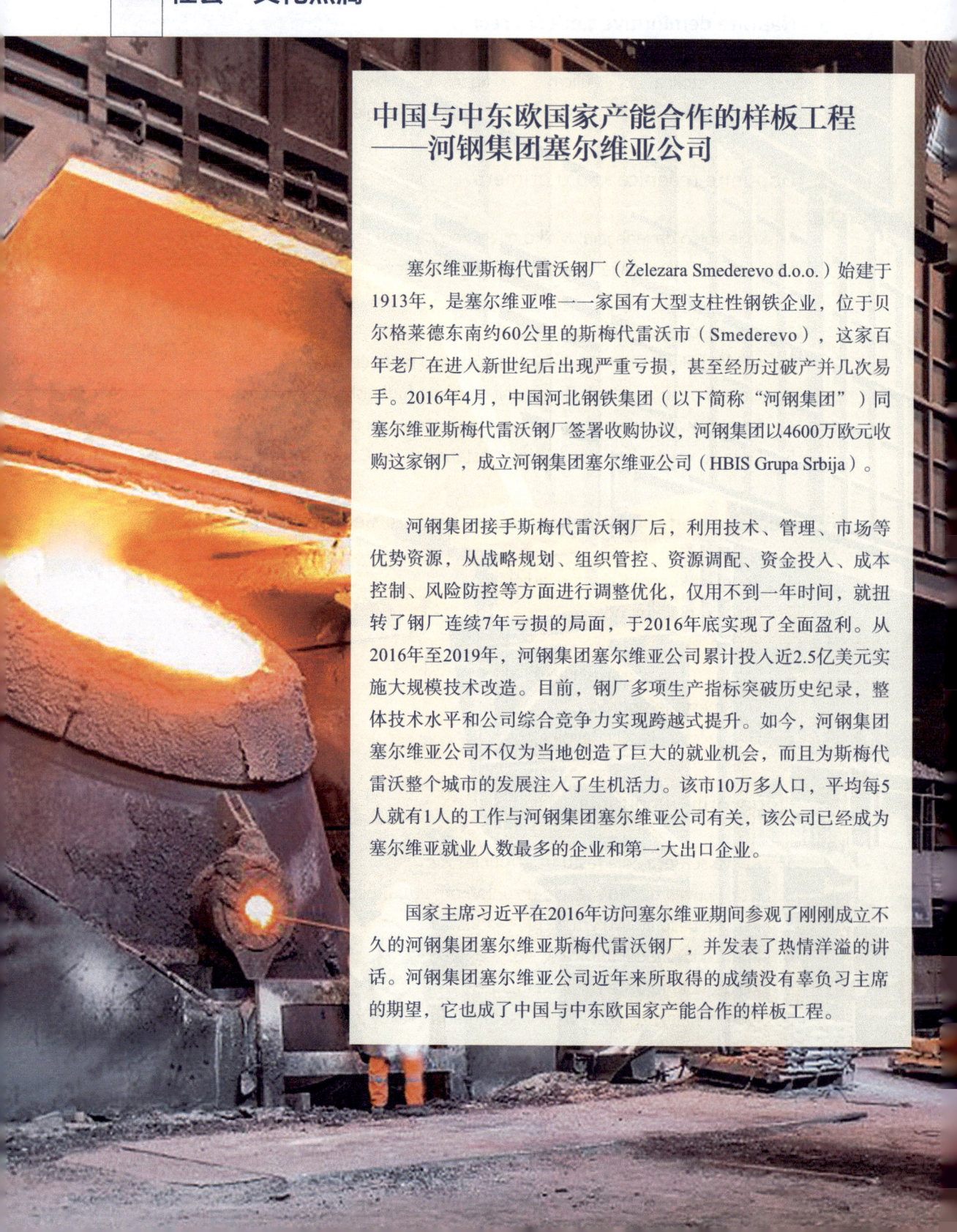

中国与中东欧国家产能合作的样板工程
——河钢集团塞尔维亚公司

塞尔维亚斯梅代雷沃钢厂（Železara Smederevo d.o.o.）始建于1913年，是塞尔维亚唯一一家国有大型支柱性钢铁企业，位于贝尔格莱德东南约60公里的斯梅代雷沃市（Smederevo），这家百年老厂在进入新世纪后出现严重亏损，甚至经历过破产并几次易手。2016年4月，中国河北钢铁集团（以下简称"河钢集团"）同塞尔维亚斯梅代雷沃钢厂签署收购协议，河钢集团以4600万欧元收购这家钢厂，成立河钢集团塞尔维亚公司（HBIS Grupa Srbija）。

河钢集团接手斯梅代雷沃钢厂后，利用技术、管理、市场等优势资源，从战略规划、组织管控、资源调配、资金投入、成本控制、风险防控等方面进行调整优化，仅用不到一年时间，就扭转了钢厂连续7年亏损的局面，于2016年底实现了全面盈利。从2016年至2019年，河钢集团塞尔维亚公司累计投入近2.5亿美元实施大规模技术改造。目前，钢厂多项生产指标突破历史纪录，整体技术水平和公司综合竞争力实现跨越式提升。如今，河钢集团塞尔维亚公司不仅为当地创造了巨大的就业机会，而且为斯梅代雷沃整个城市的发展注入了生机活力。该市10万多人口，平均每5人就有1人的工作与河钢集团塞尔维亚公司有关，该公司已经成为塞尔维亚就业人数最多的企业和第一大出口企业。

国家主席习近平在2016年访问塞尔维亚期间参观了刚刚成立不久的河钢集团塞尔维亚斯梅代雷沃钢厂，并发表了热情洋溢的讲话。河钢集团塞尔维亚公司近年来所取得的成绩没有辜负习主席的期望，它也成了中国与中东欧国家产能合作的样板工程。

SEDMA JEDINICA

7

KALEMEGDAN I BEOGRAD

卡莱梅格丹与贝尔格莱德

第七单元

TEKST A
课文A

KALEMEGDAN

Kalemegdan je najveći beogradski park. Istovremno je i najznačajniji kulturno-istorijski kompleks, u kojem dominira Beogradska tvrđava iznad ušća Save u Dunav. Svaki gost Beograda sigurno će posetiti Kalemegdan, najlepši park u Beogradu. U park gosti mogu ući iz Knez-Mihailove ulice. Ovaj deo Kalemegdana je nekad bio prazan prostor ispred tvrđave, a danas je šetalište uvek puno posetilaca.

Šetajući širokim cvetnim stazama, gosti prolaze pored spomenika poznatih umetnika, lekara, profesora, političara. Idući dalje dolaze do zidina stare tvrđave sa kulama. Tu su "Kralj kapija", Rimski bunar s dubinom od 35 metara, Vojni muzej, zoološki vrt ... Ispod starih zidina su dve male crkve, Crkva Ružica i Crkva svete Petke. Ispod Crkve svete Petke je izvor. Ljudi uzimaju vodu iz izvora verujući da je voda čudotvorna i lekovita.

Na Kalemegdanu je spomenik Pobedniku - simbol Beograda. Visina spomenika je četrnaest metara. U jednoj ruci Pobednik drži mač, a u drugoj pticu. Spomenik predstavlja pobedu srpske vojske nad Otomanskom i Austrougarskom imperijom u ratovima od 1912. do 1918. godine.

NOVE REČI I IZRAZI
词汇和表达

istovremeno *pril.*	同时	šetalište *s.*	散步场所
značajan, *značajna, -o prid.*	重要的；有代表性的	umetnik *m.*	艺术家
		kula *ž.*	塔；瞭望塔
kompleks *m.*	复合体；综合建筑体	kralj *m.*	国王
dominirati *-am nesvrš.*	高高耸立；占主导地位	kapija *ž.*	门，大门
		rimski, *-a, -o prid.*	罗马的
iznad *predl.*	在……上面	bunar *m.*	井，水井

dubina ž.	深度	predstavljati -am nesvrš.	代表；意味着
crkva ž.	教堂	pobeda ž.	胜利
sveti, -a, -o prid.	神圣的	vojska ž.	军队
izvor m.	泉源；来源	nad predl.	在……之上
uzimati -am nesvrš.	取，拿	rat m.	战争
verovati verujem nesvrš.	相信，信任		
čudotvoran, čudotvorna, -o prid.	神奇的，有奇效的	kulturno-istorijski	文化和历史的
		cvetna staza	鲜花之路
lekovit, -a, -o prid.	药用的，能治病的	vojni muzej	军事博物馆
simbol m.	象征；标志	pobeda nad ...	战胜……
visina ž.	高度	Otomanska imperija	奥斯曼帝国
držati držim nesvrš.	拿着，握着	Austrougarska imperija	奥匈帝国
mač m.	剑		

NAPOMENE
课文讲解

1 ... kompleks, u kojem dominira Beogradska tvrđava iznad ušća Save u Dunav. 代词koji代的是kompleks，位于前置词u后表示所处位置，变为第七格kojem。

2 ... iznad ušća Save u Dunav. 词组ušće Save u Dunav中前置词u后接第四格表示方向，意思是"萨瓦河汇入到多瑙河"，而词组中主词ušće在前置词iznad后变为第二格ušća。

3 ... a danas je šetalište uvek puno posetilaca. puno是形容词中性单数，指的是šetalište，形容词pun与助动词biti连用时后接名词类词或词组第二格，biti pun čega意思是"充满……，装满……"，如：Soba je puna knjiga. 意思是"房间里充满了书"。

4 Šetajući širokim cvetnim stazama ... širokim cvetnim stazama是词组široka cvetna staza的复数第六格，跟在动词šetati后，指散步的地点和范围。

5 Idući dalje dolaze do zidina ... 这里的zidina是名词zidina的复数第二格，zidina一个词义是高大的城墙，另一个词义在指古城墙废墟时须用复数形式zidine，本文用的词义都是指古城墙废墟，该词的复数是zidine。

6 U jednoj ruci Pobednik drži mač, a u drugoj pticu. Pobednik作为专有名词首字母大写，u drugoj后省略了名词ruka和动词držati，因为上半句已经出现，避免重复。

7 ... pobedu srpske vojske nad Otomanskom i Austrougarskom imperijom ... 词组pobeda nad后接第六格，指"战胜……"。

TEKST B
课文B

BEOGRAD U PROŠLOSTI

Beograd je jedan od najstarijih gradova u Evropi. Sam Beograd su osnovali Kelti u trećem veku pre naše ere, pre nego što je postao rimsko naselje Singidunum.

Na mestu današnjeg Kalemegdana prvu tvrđavu su podigli Kelti u 4. veku pre n. e. Posle njih tvrđavu su gradili Turci i Austrijanci ... Oko tvrđave je nastao grad današnjeg Beograda u koji su trgovci dolazili ploveći Savom i Dunavom. Slovensko ime "Beligrad" prvi put je zabeleženo 878. godine.

Putujući po Evropi početkom petnaestog veka, mnogi istoričari su prošli kroz Beograd. Pisali su da je on u to vreme bio slobodan, otvoren grad. Imao je lepe ulice, kuće od kamena, vrtove ... Najlepše zgrade bile su dvor, nekoliko crkava, bolnica i gostionice. U vreme vladara Stefana Lazarevića trgovci nisu morali da plaćaju porez. Zato su u grad dolazili mnogi bogati ljudi trgujući i živeći u njemu. Istoričari kažu da je Beograd u to vreme bio jedan od najlepših gradova Evrope.

Beograd je glavni grad Srbije od 1403. godine i bio je prestonica raznih južnoslovenskih država od 1918. do 2003. kao i Srbije i Crne Gore od 2003. do 2006. godine.

NOVE REČI I IZRAZI
词汇和表达

Kelt *m.*	凯尔特人	zabeležen, -a, -o *prid.*	被记载的
vek *m.*	世纪	kamen *m.*	石头
naselje *s.*	居住区，居民区	dvor *m.*	宫廷，皇宫
Turčin *m.*	土耳其人	gostionica *ž.*	客栈；饭馆
Austrijanac *m.*	奥地利人	porez *m.*	税
nastati *nastanem svrš.*	出现，产生	trgovati *trgujem nesvrš.*	经商，贸易
današnji -a, -e *prid.*	现在的；今天的	južnoslovenski, -a, -o *prid.*	南部斯拉夫的
ploviti *-im nesvrš.*	航行	naša era	公元
istoričar *m.*	历史学家	pre nego što ...	在……之前
slovenski -a, -o *prid.*	斯拉夫的		

NAPOMENE
课文讲解

1 Sam Beograd su osnovali Kelti ... sam是代词，代的是Beograd。

2 ... pre nego što je postao rimsko naselje Singidunum. 词组pre nego što 用在表示时间复句中的从属句里，指"在……之前"，按照时间顺序主句动作发生在从句动作之前。

3 ... u 4. veku pre n. e. 这里的4. 是序数词četvrti，表示"世纪"时也可用阿拉伯数字，n. e是naša era的缩写，pre naše ere是公元前，posle naše ere是公元后。

4 Posle njih tvrđavu su gradili Turci i Austrijanci ... Turčin的复数第一格是Turci。

5 Slovensko ime "Beligrad" ... Beograd由beli和grad这两个词派生，意思是"白色的城"。

6 Putujući po Evropi početkom petnaestog veka ... početkom是početak的第六格，表示"在……开始时"，意思与词组na početku相同。

7 ... prestonica raznih južnoslovenskih država od 1918. do 2003. kao i Srbije i Crne Gore ... Srbije i Crne Gore是第二格，修饰的是前面的prestonica，这里指的是2003年至2006年黑山还未与塞尔维亚分离时，塞尔维亚和黑山共和国的首都。

GRAMATIKA
语法知识

1 现在时副动词glagolski prilog sadašnji

意义：它是单一的、不带人称的一种动词变化形式，一般用来表示的动作特征与动词谓语所表现的动作同时发生，并且二者的动作须是同一主体发出的。它本身没有人称变化形式，在句中也不能当谓语使用。之所以被称为副动词，说明它既有副词特征，又具有动词特点，它在句中可起到状语作用，不仅可以表示时间，还可以表达行为的方式、原因、条件等意义。还有一些现在时副动词词性已变为形容词，在使用中词尾变化也同形容词词尾变化一样。

构成：只能用未完成体动词，在动词现在时第三人称复数后加后缀-**ći**。

3. lice pl. prezenta imperfektivog glagola+**ći**

如：nositi→nose→nose+ći→noseći
pisati→pišu→pišu+ći→pišući
putovati→putuju→putuju+ći→putujući

用法：可用在现在、过去和将来时中动词谓语动作发出者可以是任何人称的句型中。

Šetajući gradom prolazim pored spomenika. (ja)
Šetajući gradom prolaziš pored spomenika. (ti)
Šetajući gradom prolazi pored spomenika. (on, ona, ono)
Šetajući gradom prolazimo pored spomenika. (mi)
Šetajući gradom prolazite pored spomenika. (vi)
Šetajući gradom prolaze pored spomenika. (oni, one, ona)

Šetajući gradom prolazim pored spomenika. / prezent
Šetajući gradom prolazio sam pored spomenika. / perfekat
Šetajući gradom prolaziću pored spomenika. / futur

①最常用于表示与动词谓语同时进行的动作，如：
Idući dalje dolaze do zidina stare tvrđave sa kulama.
他们一边往下走一边来到带有瞭望塔的古堡废墟。
Putujući po Evropi početkom petnaestog veka, mnogi istoričari su prošli kroz Beograd.
15世纪初众多史学家在欧洲游历时，都曾穿过贝尔格莱德城。
Zato su u grad dolazili mnogi bogati ljudi trgujući i živeći u njemu.
所以很多富人来到这座城市，边经商边在这里生活下来。
②表示方式，如：
Oko tvrđave je nastao grad današnjeg Beograda u koji su trgovci dolazili ploveći Savom i Dunavom.
现在的贝尔格莱德城就诞生在这座古堡周围，当时商人们通过在萨瓦河和多瑙河上航行来到这座城市。
Prešao je preko ulice trčeći.
他跑着穿过马路。
③表示原因，如：
Ljudi uzimaju vodu iz izvora verujući da je voda čudotvorna i lekovita.
人们取用泉源的水是由于他们相信这里的水很神奇并且可以治病。
Znajući da je bolestan, lekar je odmah došao.
由于医生知道他生病了，所以马上就来了。
④表示条件，如：
Učeći dobro, tek možete položiti ispit.
你们只有好好学习才能通过考试。
⑤一些现在时副动词变为形容词，如：

slediti - sledeći, -a, -e	下一个的
teći - tekući, -a, -e	流动的
biti - budući, -a, -e	将来的

2 前置词 sa

①后面跟表示无生命名词类词或词组第六格，意思是修饰 sa 前面概念的特征和特点，如：

stara tvrđava sa kulama	带有瞭望塔的古城堡
kuća s velikim dvorištem	带大院子的房子
devojka sa crnom kosom	黑发姑娘

②后面跟表示无生命名词类词或词组第二格，表示方向，意思是"从……"或"从……上面"，如：

lep pogled sa Kalemegdana	从卡莱梅格丹上面看到的美景
Pao je s malog kreveta.	他从小床上掉下来了。
vratiti se s posla	下班

On je sa sela.   他是农村人。（不用 iz sela）
Marija je sa Kipra.   玛莉亚是塞浦路斯人。（表示来自岛国时用 sa ... 而不用 iz）

VEŽBE
练习

1 **Napravite glagolski prilog sadašnji od sledećih glagola kao u primeru.**

	3. lice pl. prezenta	glagolski prilog sadašnji
prolaziti	prolaze	prolazeći
gledati	....	....
izlaziti	....	....
govoriti	....	....
piti	....	....
pričati	....	....
držati	....	....

2 **Dopunite rečenice kao u primeru**

.... parkom ona prolazi pored spomenika. (šetati)
Šetajući parkom ona prolazi pored spomenika.

1. .... u kafiću čekam prijatelja. (sedeti)
2. Turisti su gledali izloge .... po Knez-Mihailovoj ulici. (šetati)
3. .... u zoološki vrt videćete mnogo dece. (ulaziti)
4. Ana bolje uči .... muziku. (slušati)
5. Oni su putovali vozom .... (spavati)
6. Navijači su gledali fudbalsku utakmicu .... (pevati)
7. Mogu da žive dobro samo .... puno i dugo. (raditi)
8. .... sladoled je mislila na svoje detinjstvo. (jesti)
9. Razgovaraju .... (večerati)
10. On je učio i radio .... (putovati)

3 Stavite sledeće rečenice u perfekat i futur kao u primeru.

Šetajući gradom prolazim pored spomenika. / prezent
Šetajući gradom prolazio sam pored spomenika. / perfekat
Šetajući gradom prolaziću pored spomenika. / futur

1. Učite engleski jezik gledajući filmove.

2. Mnogo studenata provodi zimski rasput učeći.

3. Putujući po svetu upoznaju razne ljude.

4. Vraćajući se kući s posla Zora razmišlja o ovom pitanju.

5. Čekamo vas stojeći ispred glavne kapije univerziteta.

6. Studenti spremaju ispit ponavljajući lekcije.

7. Prelazeći ulicu deca gledaju i desno i levo.

8. Ne odmarajući se posle posla, odmah zaspi.

4 Stavite odgovarajuće predloge u sledeće rečenice: s(a), iz.

1. Ana najviše voli da jede pitu .... sirom.
2. Janis je .... Grčke.
3. Gosti mogu ući u tvrđavu .... svih strana.
4. Irina je rezervisala sobu .... pogledom na more.
5. .... kalemegdanske terase je lep pogled na dve reke.
6. Možemo ući u Kalemegdan .... Knez-Mihailove ulice.
7. U Pekingu zimi duva vetar .... severozapada.
8. U Srbiji su omiljeni sportovi .... loptom.
9. Ljudi .... gradova ne vole gužvu i buku.
10. Roditelji Petra Petrovića su .... sela.

5 Upotrebite odgovarajući padež (akuzativ ili lokativ) i predlog **u** ili **na**.

Prošle godine smo bili .... (more), ... (Grčka). Svaki dan smo išli brodićem .... (jedna prelepa plaža) koja se nalazi .... (malo ostrvo) preko puta našeg hotela. Čitav dan smo provodili .... (plaža) i tek uveče smo se vratili .... (hotel). .... (hotel) smo večerali i malo se odmarali. Posle večere i odmora išli smo .... (kafić) ili .... (diskoteka)

6 Stavite odgovarajuće predloge u sledeće rečenice.

nad, ispred, iznad, kroz, oko, preko, pored, ispod

1. Na Kalemegdanu je bio prazan prostor .... stare tvrđave.
2. Maratonska trka je predstavljala pobedu Grka .... Persijancima.
3. Mnogi istoričari su prošli .... Beograd na početku 15. veka.
4. Mostovi .... Save i Dunava spajaju stari deo Beograda sa Novim Beogradom.
5. .... Kalemegdana se uliva Sava u Dunav.
6. Kalemegdan se nalazi .... ušća Save u Dunav.
7. Dunav protiče .... područje Beograda u dužini od 60 km.
8. Silvija bi želela dobiti mesto .... prozora u avionu.
9. .... divljih životinja, u zoološkom vrtu su i domaće životinje.
10. .... tvrđave je nastao grad današnjeg Beograda.

7 Promenite rečenice kao u primeru.

pridev	imenica
visok, -a, -o	visina
dug, -a, -o	dužina
dubok, -a, -o	dubina
širok, -a, -o	širina

Ova zgrada je visoka 70 m.
Visina ove zgrade je 70 m.

1. Rimski bunar je dubok 35 m.
2. Spomenik Pobedniku je visok 14 m.
3. Plaža ispred hotela "Fjord" je duga 150 m.

4. Cvetna staza je široka 85 m.
5. Dunav na području Beograda je dug 60 km.
6. Jezero je duboko 20 m.
7. Putovanje je dugo 750 km.
8. Ovde je more duboko 70 m.
9. Visok sam 174 cm.
10. Park je dug 38 m, širok 25 m.

8 Dopunite rečenice kao u primeru.

Ovaj tekst je o Beogradu u .... (prošlost)
Ovaj tekst je o Beogradu u prošlosti.

1. On nikad ne razmišlja o .... (budućnost)
2. Treba da živimo u .... (sadašnjost)
3. U vojnom muzeju možemo videti dokumente iz .... (prošlost)
4. Šta očekujete od ....? (budućnost)
5. Bolesnik nije mogao da se seti svoje .... (prošlost)
6. Deca imaju lepu .... (budućnost)
7. Volela bi da sazna nešto više o .... života u gradu. (sadašnjost)
8. Dočekali su Novu godinu s lepom .... (budućnost)

9 Sastavite pet rečenca koristeći glagolski prilog sadašnji.

10 Napišite nekoliko rečenica o Kalemegdanu.

DOMAĆI ZADATAK
家庭作业

1 Završite rečenice kao u primeru.

.... ulicama gledam izloge prodavica. (šetati)
Šetajući ulicama gledam izloge prodavnica.

1. Odmara se .... klasičnu muziku. (slušati)
2. .... ispred spomenika čekamo prijatelje. (sedeti)
3. Ana ne misli na probleme .... (pevati)
4. .... gradom razmišljam o poslu. (ići)
5. .... u učionicu kažu "Dobar dan". (ulaziti)

2 Stavite rečenice iz 1 vežbe u perfekat i futur kao u primeru.

Šetajući ulicama gledam izloge prodavnica.
Šetajući ulicama gledao sam izloge prodavnica.
Šetajući ulicama gledaću izloge prodavnica.

3 Stavite zamenicu **koji** odgovarajućim oblicima kao u primeru.

Upoznali su jednu devojku .... se zove Marija.
Upoznali su jednu devojku koja se zove Marija.

1. Oko tvrđave je nastao grad u .... su trgovci dolazili.
2. Ima puno priča o životinjama .... su našle svoje kuće.
3. Zoološki vrt je prijatno mesto u .... uvek ima puno posetilaca.
4. Deca .... rastu uz životinje nisu sebična.
5. Kućni ljubimac je potreban detetu .... je često samo kod kuće.
6. Ova zgrada je kompleks u .... se nalazi samoposluga.
7. Irina je izgubila torbu u .... ima telefon i novac.
8. Video sam devojku .... je Marko kupio cveće.
9. Ovo je autobus .... sam doputovao.
10. Ovo su slušaoci .... se sviđa koncert.

4 Odgovorite na pitanja?

1. Kolika je vaša visina?
2. Koliko je visok spomenik Pobedniku?
3. Kolika je dubina Rimskog bunara?
4. Koliko je široka cvetna staza?
5. Kolika je širina i dužina vaše sobe?

5 Odgovorite na pitanja.

1. Šta je danas Kalemegdan?
2. Koji spomenik je simbol Beograda?
3. Šta gosti mogu videti na Kalemegdanu?
4. Ko i kad je osnovao najstariji deo Beograda?
5. Otkad je Beograd glavni grad Srbije?

DRUŠTVENO-KULTURNA BAŠTINA
社会·文化点滴

中国与中东欧国家合作的旗舰项目
——匈塞铁路

匈塞铁路，是中国与中东欧国家合作的旗舰项目，是中国与中东欧国家共建"一带一路"的重点项目。项目自匈牙利首都布达佩斯至塞尔维亚首都贝尔格莱德，是中国铁路技术装备与欧盟铁路互联互通技术规范对接的首个项目。项目预计投资总额为28.9亿美元，中国将提供其中85%的融资。

2015年11月24日，在苏州举行的中东欧16+1会议上，在中国、匈牙利、塞尔维亚三国总理的见证下，中国政府与匈牙利政府签署了《关于匈塞铁路项目匈牙利段开发、建设和融资合作的协议》，中国企业联合体与塞尔维亚政府及企业代表签署了匈塞铁路塞尔维亚段合作总合同，标志着匈塞铁路项目正式启动。

匈塞铁路全长350公里，其中塞尔维亚境内长184公里，设计时速为200公里。贝尔格莱德至旧帕佐瓦段为既有双线铁路改造项目，旧帕佐瓦至诺维萨德、诺维萨德至苏博蒂察至边境2个区段为既有单线铁路改造和新增二线项目。其中贝旧段于2018年6月由中方联营体以工程总承包模式承建，中国铁路设计集团有限公司参与设计；同时，中方联营体分包承建旧诺段的通信信号工程。

OSMA JEDINICA

8

ISTORIJSKE LIČNOSTI SRBIJE

塞尔维亚历史人物

第 八 单 元

TEKST A
课文A

VUK KARADŽIĆ

Bulevar kralja Aleksandra je duga ulica koja vodi od centra grada prema periferiji. U njoj se nalaze mnoge značajne zgrade: Skupština, Glavna pošta, nekoliko fakulteta. U Bulevaru je i spomenik Vuku Karadžiću.

Vuk Stefanović Karadžić je rođen 1787. u selu Tršić kod Loznice u zapadnom delu Srbije. Umro je 1864. u Beču. On je srpski gramatičar, pisac, istoričar i reformator književnog jezika i pravopisa, jedna od najznačajnijih ličnosti za razvoj srpskog jezika i književnosti. Ceo život se borio da narodni, govorni jezik postane književni. Ostavio je iza sebe mnogo značajnih dela. Napisao je prvu gramatiku, rečnik i pravopis srpskog jezika. Staru srpsku ćirilicu je promenio tako da svaki glas ima po jedno slovo. Poznato je Vukovo pravilo: "Piši kao što govoriš, a čitaj kao što je napisano." Pored toga što je napisao, Vuk je sakupljao narodne pesme, priče, poslovice i zagonetke. Pisao je o ličnostima i događajima iz istorije Srbije i o srpskim običajima.

Ko želi bolje da upozna život i rad Vuka Karadžića može posetiti njegov muzej. Vukov i Dositejev muzej se nalazi u Gospodar Jevremovoj ulici br. 21 u Beogradu. U muzeju je smešten dokumentarni materijal o životu i radu dva velika srpska kulturna reformatora Dositeja Obradovića (1742-1811) i Vuka Stefanovića Karadžića. Odeljenje posvećeno Vuku Karadžiću smešteno je na prvom spratu. Izložen je veliki broj dokumenata, pisama, slika i drugih predmeta iz Vukovog života i njegovog vremena.

NOVE REČI I IZRAZI
词汇和表达

bulevar *m.*	大路，林荫道	sakupljati *-am nesvrš.*	收集
voditi *-im nesvrš.*	通往；率领	poslovica *ž.*	谚语
skupština *ž.*	议会	zagonetka *ž.*	谜语
umreti *umrem svrš.*	去世；消失	događaj *m.*	事件
gramatika *ž.*	语法	običaj *m.*	风俗，习惯
gramatičar *m.*	语法学家	odeljenje *s.*	部门，分部；隔间
reformator *m.*	改革者，革新者	posvećen, *-a, -o prid.*	奉献的，给予的
pravopis *m.*	正字法，书写规则	izložen, *-a, -o prid.*	展览的，展示的
ličnost *ž.*	人物		
razvoj *m.*	发展	književni jezik	文学语言
književnost *ž.*	文学	govorni jezik	口语
boriti se *-im nesvrš.*	斗争	narodna pesma	民歌
delo *s.*	著作，作品；事业	ostaviti ... iza sebe	给后人留下……
glas *m.*	语音；声音	pored toga što ...	除了……之外
slovo *s.*	字母	dokumentarni materijal	文献资料
pravilo *s.*	规则；规章制度		

NAPOMENE
课文讲解

1 Bulevar kralja Aleksandra je duga ulica koja vodi ... 亚历山大国王大街是贝尔格莱德第二长的街道，前南时曾被命名为革命大街，后又改为用南斯拉夫国王亚历山大的名字命名。

2 Ostavio je iza sebe mnogo značajnih dela. Ostaviti ... iza sebe 前置词 iza 后接第二格，反身代词第二格 sebe 代的是主语，意思是"当某人去世后给后人留下了……"。

3 "Piši kao što govoriš, a čitaj kao što je napisano." 武克·卡拉季奇对西里尔字母进行了改革，把字母缩减为30个字母，并对应30个音，他的语言改革规则是："你怎么说就怎么写，怎么写就怎么读"，正是由于他的改革使塞尔维亚语成为发音与读写完全一致的语言。

4. **Vukov i Dositejev muzej se nalazi ...** Dositej Obradović是塞尔维亚最著名的文学家、教育学家和文化改革家，他的博物馆与Vuk的博物馆位于同一建筑物内。

5. **Odeljenje posvećeno Vuku Karadžiću smešteno je na prvom spratu.** odeljenje词义指国家机关或单位的部门，这里指的是博物馆内被隔开的专门纪念Vuk的展览。

TEKST B
课文B

NIKOLA TESLA

Rođen je 10. jula 1856. u selu Smiljanu pored Gospića, u tadašnjoj Austrougarskoj, u porodici pravoslavnog sveštenika. Tesla je jedan od najpoznatijih svetskih pronalazača i naučnika u oblasti fizike, elektrotehnike i radio-tehnike. Školovao se u Gracu i Pragu. Najveći deo života proveo je u Americi gde je i umro 7. januara 1943.

Na početku je jedno vreme radio u Edisonovoj kompaniji u Njujorku. Posle sukoba sa Edisonom, u Njujorku je 1887. osnovao sopstvenu laboratoriju, u kojoj je došao do svojih najvažnijih otkrića. Većina pronalazaka u elektrotehnici njegovo je delo - gotovo hiljadu raznih patenata i pronalazaka iz svih oblasti elektrotehnike. Njegov sistem naizmeničnih struja omogućio je znatno lakši i efikasniji prenos električne energije na daljinu. Prva hidrocentrala na vodopadima Nijagare je Teslino delo. Izgrađena je 1898. Tada je Teslin sistem zamenio Edisonovu jednosmernu struju. Tesla je napravio i model broda sa daljinskim upravljanjem. Taj pronalazak svakodnevno koristimo da uključimo i isključimo razne uređaje. Mnoge Tesline ideje su ostvarene tek posle njegove smrti, a neke još nisu. Tesla je jednom rekao o sebi: Radim za budućnost i savremenici me neće razumeti ... Jedan poznat novinar je napisao: Ovaj naučnik je toliko bio ispred svog vremena, kao da je na Zemlju došao iz neke druge civilizacije.

Kompanija "Tesla Motors", trenutno najveći proizvođač električnih automobila Tesla na svetu baš nosi ime po slavnom srpskom naučniku Nikoli Tesli.

NOVE REČI I IZRAZI
词汇和表达

tadašnji -a, -e *prid.*	那时的	Nijagara *ž.*	尼亚加拉
pravoslavni -a, -o *prid.*	东正教的	izgrađen -a, -o *prid.*	被建造的
sveštenik *m.*	牧师，神父	uključiti -im *svrš.*	接通；使……列入
pronalazač *m.*	发明家	isključiti -im *svrš.*	切断；排除
naučnik *m.*	科学家	uređaj *m.*	设备，装备
elektrotehnika *ž.*	电工技术	ostvaren -a, -o *prid.*	被实现的
Grac *m.*	格拉茨（奥地利城市名）	tek *pril.*	刚刚；仅仅
Prag *m.*	布拉格	smrt *ž.*	死亡；灭亡
Edison *m.*	爱迪生	savremenik *m.*	同时代人；当代人
sopstven, -a, -o *prid.*	私有的；自己的	civilizacija *ž.*	文明
laboratorija *ž.*	实验室	toliko *pril.*	如此多地；如此
otkriće *s.*	创造，发明	trenutno *pril.*	暂时；即刻
većina *ž.*	大部分	proizvođač *m.*	生产者，厂家
pronalazak *m.*	发明，发明成果		
patent *m.*	专利，专利权	radio-tehnika	无线电技术
omogućiti -im *svrš.*	使……成为可能	Edisonova kompanija	爱迪生公司
znatno *pril.*	显著，重要	naizmenična struja	交流电
efikasan efikasna, -o *prid.*	有效率的	jednosmerna struja	直流电
daljina *ž.*	远处；远程	električna energija	电能
hidrocentrala *ž.*	水电站	daljinsko upravljanje	遥控
vodopad *m.*	瀑布	električni automobil	电动汽车

NAPOMENE
课文讲解

1 Tesla je jedan od ... Nikola和Tesla是以元音-a结尾的阳性名词，与形容词和动词连用时须用阳性词尾，如：Nikola Tesla je rođen ...

2 ... u oblasti fizike, elektrotehnike i radio-tehnike. oblast是以辅音结尾的阴性名词，表示地理概念，意思是"区域"或"地区"，这里指"领域"。

3 ... u Americi gde je i umro 7. januara 1943. gde是关系连词，连接主句中表示地点的词，这里连接的是Amerika。

4 ... u kojoj je došao do svojih najvažnijih otkrića. koja关系代词代的是前面的laboratorija，词组doći do ... 在有主语的句中后面接第二格，意思是"得到或找到……"。

5 Većina pronalazaka u elektrotehnici ... 名词većina后接第二格，意思是"大部分或大多数……"。

6 ... omogućio je znatno lakši i efikasniji prenos električne energije na daljinu. 动词omogućiti后接第四格，指"使……成为可能"，... na daljinu前置词na后接第四格表示方向，这里指"把电能传输到远处"。现常用的网络课程或远程课程就用na daljinu这个词组，如：nastava na daljinu。

7 Ovaj naučnik je toliko bio ispred svog vremena ... 前置词ispred意思是"在……之前"，ispred svog vremena在这里指"走在自己时代的前列，超越自己的时代"。

GRAMATIKA
语法知识

1 被动形动词（trpni glagolski pridev）和被动语态I

意义：它是单一的、不带人称的一种动词变化形式，是由及物动词变成的动词性形容词。它以人或事物所承受的动作来说明人或事物的特征，性、数、格与该人或事物保持一致。它主要用于被动语态中合成谓语的一部分，也可作为形容词做定语用。

构成：在完成体、未完成体及物动词的不定式词干或有缺损的现在时词干上加四种类型后缀构成。以下四种类型以阳、阴、中性单数为例：

①不定式词干以-a结尾，加后缀-n, -na, -no, 如：

pisati→pisa+n→pisan, pisana, pisano

čitati→čita+n→čitan, čitana, čitano

②不定式词干以辅音或以-i结尾（有些辅音出现腭音软化音变），在有缺损的现在时词干后加后缀-en, -ena, -eno, 如：

tresti（震动）→tres+en→tresen, tresena, treseno

peći→peč+en→pečen，pečena，pečeno

nositi→nosi→noš+en→nošen，nošena，nošeno

stvoriti→stvori→stvor+en→stvoren，stvorena，stvoreno

③不定式词干以-i，-u，-e结尾的短元音，加后缀-ven，-vena，-veno，如：

umiti（洗）→umi+ven→umiven，umivena，umiveno

mleti（搅拌）→mle+ven→mleven，mlevena，mleveno

④不定式词干以-nu，-e，-u，-a的一些动词，加后缀-t，-ta，-to，如：

podignuti→podignu+t→podignut，podignuta，podignuto

poznati→pozna+t→poznat，poznata，poznato

用法：用于被动语态I和修饰名词的定语

①助动词biti加被动形动词构成被动语态I，biti+trpni glagolski pridev，这种形式也称为形动词被动语态。它很少用于现在时，只有在强调动作反复时使用多次体助动词bivati加被动形动词。这里需要强调的是，助动词sam，si，je，smo，ste，su+被动形动词表示的时态实际上是过去时，只有在特殊情况下，当句意指处在某种状态和具有特征，而不是指动作时才是真正意义的现在时，如：Vrata su zatvorena. 指门的状态是关着的，Baterija je napunjena. 指电池的电是充足的。下面以被动形动词ostvaren为例：

不定式biti ostvaren

过去时ostvaren je

将来时biće ostvaren

当在句中不需要强调动作主体或不知道主体时，使用这种被动语态。在主动句和被动句中主、客体可以进行转换，如：

主动句：On je ostvario plan.　　On je ostvario planove.

被动句：Plan je ostvaren.　　　Planovi su ostvareni.

②相当于形容词做定语，与被修饰名词保持性、数、格一致，如：

kuvani kupus，kuvana riba，kuvano meso

poznati naučnici，poznate emisije，poznata mesta

2 反身人称代词sebe

它可以代第一、二、三人称单、复数六个人称和阳、阴、中三种性，变格同其他名词性人称代词的变格。在句中代句子的主语，它没有主语形式，也就是没有第一格形式。它只有第四格有简单形式或称为省略形式的**se**，用于构成反身动词（如bojati se，nalaziti se，osećati se ...）和在不带人称的被动语态句中使用。

Ja imam

Ti imaš

On (ona, ono) ima　　　dokument kod **sebe**

Mi imamo

Vi imate

Oni (one, ona) imaju

N. -	- - -
G. sebe	Ja nemam pasoš kod sebe.
D. sebi	Ne možeš samo sebi da pričaš.
A. sebe, se	Ona gleda sebe u ogledalu. Ona se gleda u ogledalu.
V. -	- - -
I. sobom	Mi smo govorili sami sa sobom.
L. sebi	Oni ne vole da pričaju o sebi.

VEŽBE
练习

1 Dopunite sledeće rečenice zamenicom SEBE u odgovarajućem obliku.

1. Ja nemam dokument kod ....
2. Da li imaš dovoljno novca sa ....
3. On ne čuje .... zbog velike buke.
4. Mi uvek nosimo pasaoš kod .... kad putujemo.
5. Kažite nam nešto o ....
6. Ne volim više da ih slušam jer samo pričaju o ....
7. Kupila je .... haljinu, a meni košulju.
8. On je pričao sam sa ....
9. One vole da gledaju .... u ogledalu.
10. Treba da se brinemo o ....

2 Radite kao u primeru.

Gledam čoveka u parku.
Gledam se u ogledalu.

1. Vratio mi je knjigu.
   .... kući kasno.
2. Spremili smo sobu.
   .... za put.
3. Kupala je dete.
   .... u kupatilu.

4. Umivam ruke.
   .... kad ustajem ujutro.
5. Možeš da šetaš psa.
   Možeš da .... u parku.
6. Obukla je cipele.
   .... posle kupanja.

3 **Objasnite šta znače sledeće poslovice iz Vukovih knjiga i nađite slične kineske.**

1. Sve što radiš, sebi radiš.
2. Daleko od očiju, daleko od srca.
3. Oči svašta vide, a sebe ne vide.
4. Ćutanje je zlato.
5. Kakav otac, takav sin. Kakva majka, takva kći.
6. Nije zlato sve što sija.

4 **Izvedite trpne glagolske prideve od sledećih glagola kao u primeru.**

pozvati→pozvan

kuvati	otvoriti
napisati	graditi
obući	umiti
roditi	prodati
smestiti	posvetiti

5 **Pretvorite sledeće rečenice u pasivne, najpre u perfektu, a zatim u futuru kao u primeru.**

Ljudi su podigli spomenik Nikoli Tesli.
Spomenik Nikoli Tesli je podignut.
Spomenik Nikoli Tesli će biti podignut.

1. Seljaci su podigli kuću.
2. Vera je napisala domaći zadatak.
3. Radnici su izgradili hidrocentralu.
4. Nikola Tesla je ostvario mnoge ideje.
5. Ona je pročitala pisma.

6. Mi smo rezervisali karte.
7. Stanko je otvorio vrata.
8. Ljudi su izložili Vukove lične stvari.
9. U Teslinom muzeju su smestili njegovi pronalasci i njegova laboratorija.
10. Isključili su sve uređaje.

6 Zamenite trpne glagolske prideve glagolom kao u primeru.

Pismo je napisano. / napisati
Ona je ....
Ona je napisala pismo.

1. Knjige su kupljene u knjižari. / kupiti
   Ja sam ....
2. Nova lekcija je naučena. / naučiti
   Učenici su ....
3. Novac je promenjen u banci. / promeniti
   Putnik je ....
4. Prodavnica je zatvorena. / zatvoriti
   Gazda je ....
5. Ispit iz matematike je položen. / položiti
   Vesna je ....
6. Soba je spremna u kući. / spremiti
   Domaćica je ....
7. Voda je popijena. / popiti
   Oni su ....
8. Sve lekcije će biti naučene krajem semestra. / naučiti
   Studenti ....
9. Tekstovi će biti obeleženi posle časa. / obeležiti
   Učiteljica ....
10. Zgrada bi bila izgrađena. / izgraditi
    Radnici ....

7 Pretvorite sledeće aktivne rečenice u pasivne kao u primeru.

Teslina naizmenična struja je zamenila Edisonovu jednosmernu struju.
Edisonova jednosmerna struja je zamenjena Teslinom naizmeničnom strujom.

1. Mobilni telefon je zamenio fiksni telefon.

2. Nastave na daljinu su zamenile nastave u učionici u toku pandemije.
3. Digitalni novac je zamenio gotovinu.
4. Savremena tehnologija je zamenila staru tehnologiju.
5. Električni automobili su zamenili automobile na benzin.

8 Pročitajte narodnu pesmu "Riba i djevojka" iz Vukove zbirke.

RIBA I DJEVOJKA

Djevojka sjedi kraj mora,
Pak sama sebi govori:
- Ah, mili Bože i dragi!
    Ima l' što šire od mora?
    Ima l' što duže od polja?
    Ima l' što brže od konja?
    Ima l' što slađe od meda?
    Ima l' što draže od brata?
Govori riba iz vode:
- Djevojko, luda budalo!
    Šire je nebo od mora,
    Duže je more od polja,
    Brže su oči od konja,
    Slađi je šećer od meda,
    Draži je dragi od brata.

注：djevojka=devojka，sjedeti=sedeti，kraj=pored， pak=i， mili bog=dragi bog，što=šta，konj马，med蜂蜜，lud, -a, -o疯的，budala傻子，nebo天空

9 Odgovorite na pitanja.

1. Gde i kad je rođen Nikola Tesla?
2. Zašto je Nikola Tesla svetski naučnik?
3. Koji su njegovi pronalasci?
4. Odakle je ime električnog automobila "Tesla"?
5. Šta ste našli o njemu na internetu?

10 Napišite broj električnog uređaja pored odgovarajuće slike.

① usisivač ② fen za kosu ③ mikser ④ pegla ⑤ frižder ⑥ mašina za pranje veša ⑦ ventilator ⑧ mikrotalasna peć ⑨ šporet ⑩ toster

DOMAĆI ZADATAK
家庭作业

1 Dopunite rečenice zamenicom sebe, se.

1. Treba da kupim .... taj rečnik.
2. On nema ličnu kartu kod ....
3. Svakog dana ona .... dugo gleda u ogledalu.
4. Išao je ulicom i gledao ispred ....
5. Da li često razmišljaš o ....
6. Nosila je torbu sa ....
7. Imao je na .... plavu košulju.
8. Učenici su .... kupili udžbenike.

2 Zamenite glagole trpnim glagolskim pridevom.

1. Njegovi roditelji su izgradili kuću u Smederevu.
2. Učiteljica je pročitala imena učenika.
3. Kupili smo auto u Nemačkoj.
4. Oni su izgubili utakmicu.
5. Ona nije izgubila kofer.
6. Da li ćeš joj napisati pismo.

7. Ana će pevati jednu pesmu.
8. Ja ću ostvariti svoj san.
9. Oni će rezervisati avionske karte u agenciji.
10. Domaćica je spremila večeru.

3 Sastavite rečenice od sledećih trpnih glagolskih prideva.

1. izgubljen (-a, -o, -i, -e, -a)
2. kupljen (-a, -o, -i, -e, -a)
3. izgrađen (-a, -o, -i, -e, -a)
4. ostvaren (-a, -o, -i, -e, -a)
5. smešten (-a, -o, -i, -e, -a)

4 Napišite imena električnih uređaja pored slike.

5 Odgovorite na pitanja?

1. Ko je bio Vuk Karadžić?
2. Ko je bio Dositej Obradović?
3. U kom veku su živeli?
4. Zašto su oni značajni za srpski jezik?
5. Kako glasi Vukovo pravilo?
6. Šta je Vuk sakupljao?

6 Napišite narodnu pesmu "Riba i djevojka" **ćirilicom**. (iz vežbe 8.)

DRUŠTVENO-KULTURNA BAŠTINA
社会·文化点滴

天才发明家尼古拉·特斯拉

尼古拉·特斯拉（Nikola Tesla，1856—1943）是塞尔维亚裔美籍发明家、物理学家、机械工程师、电气工程师。2003年，为了纪念偶像特斯拉，埃隆·马斯克以他的名字命名了特斯拉汽车。

1856年7月10日，尼古拉·特斯拉出生在位于奥匈帝国（今克罗地亚共和国）的利卡省（Lika）戈斯皮奇（Gospić）附近的一个叫斯米连的村庄（selo Smiljan）。他曾在奥地利的格拉茨理工大学学习，后在布拉格学习和工作，1884年，他前往美国，在爱迪生实验室工作，从此留在美国并加入美国国籍。

他一生致力于不断研究，发明了无线电通信、遥控技术、X光摄影技术等，并取得约700项专利。其中，最伟大的功绩莫过于其发明的交流电替代了爱迪生的直流电。特斯拉拥有着交流电的专利权，在当时每销售一马力交流电就必须向特斯拉缴纳2.5美元的版税。当时一股财团势力要挟特斯拉放弃此项专利权，并意图独占牟利。经过多番交涉后，特斯拉决定放弃交流电的专利权，条件是交流电的专利将永久公开。他从此丧失了收取版税的权利。因此，特斯拉并没有腰缠万贯，而长年经济拮据，最终在86岁时由于心脏衰竭死于旅馆。

塞尔维亚人以尼古拉·特斯拉而自豪，在首都贝尔格莱德座落着他的纪念馆，在货币上印有他的头像。

9 TRADICIONALNI PRAZNICI

DEVETA JEDINICA

第九单元

传统节日

TEKST A
课文A

PRAZNICI

Tokom godine slave se mnogobrojni praznici - državni, porodični, verski ... Državni praznici su važni datumi iz istorije naroda i države. Tada ljudi ne rade dan ili dva, zavisi od praznika.

Srpski državni praznici su: Nova godina - 1. januar, Dan državnosti - 15. februar, Praznik rada - 1. maj, Dan primirja u Prvom svetskom ratu - 11. novembar. Najveći verski praznici Božić i Uskrs su takođe državni praznici. Srpska Nova godina - 14. januar još uvek nije zvaničan državni praznik, koji se slavi kao tradicionalni pravoslavni praznik po Julijanskom kalendaru. Srpske porodice imaju i slavu. Ovi verski praznici se slave u kući i ide se u crkvu. Svi se trude da tada budu sa svojom porodicom. Mnogi simboli vezani su za ove praznike: sveća, žito, kolač. Običaj je da se za Božić unosi badnjak, a za Uskrs se boje jaja. Porodični praznici su i rođendani, godišnjice braka, polazak u školu, diploma, novi posao ...

Božić je najradosniji praznik među svim praznicima kod Srba. Praznuje se tri dana. Prvi dan Božića je uvek 7. januara. Na Božić ujutro, zvone sva zvona na pravoslavnim hramovima, domaćica kuće ustaje pre svih i od testa pravi pogaču koja se zove "česnica". Domaćin i svi ukućani oblače svečano odelo, i odlaze u crkvu na Božićnu liturgiju. Posle službe narod i ukućani se međusobno pozdravljaju rečima "Hristos se rodi!" i "Vaistinu se rodi!".

Uskrs se praznuje tri dana. Njegov datum se menja svake godine, obično između aprila i maja, ali uvek mora da bude u nedelju. Na Uskrs ujutro nakon svete službe, narod se međusobno pozdravlja rečima "Hristos Vaskrse!" i "Vaistinu Vaskrse!" Za Uskrs farbanje jaja je jedan od najlepših i najradosnijih srpskih običaja, a kucanje jajima predstavlja veliku radost za decu.

NOVE REČI I IZRAZI
词汇和表达

praznik *m.*	节日	hram *m.*	寺庙，寺院
tok *m.*	期间；流向	domaćica *ž.*	女主人
slaviti *-im nesvrš.*	庆祝；赞美	testo *s.*	面团
verski, *-a, -o prid.*	宗教的；信教的	pogača *ž.*	圆形大面包
Božić *m.*	圣诞节	česnica *ž.*	
Uskrs *m.*	复活节		圆形大面包（传统节日时吃的一种）
zvaničan, *zvanična, -o prid.*	正式的	ukućanin *m.*	家人
tradicionalan, *tradicionalna, -o prid.*	传统的	međusobno *pril.*	互相地
slava *ž.*	圣名日；光荣	pozdravljati *-am nesvrš.*	问候
truditi se *-im nesvrš.*	努力，力图	svečan, *-a, -o prid.*	庄重的，隆重的
vezan, *-a, -o prid.*	相连的，相关的	liturgija *ž.*	礼拜，弥撒
sveća *ž.*	蜡烛	služba *ž.*	圣礼；服务
žito *s.*	麦粥；谷物	farbanje *s.*	染色
unositi *-im nesvrš.*	拿进，搬进	kucanje *s.*	撞击；敲打
badnjak *m.*	圣诞树（橡树枝）	radost *ž.*	高兴，快乐
bojiti *-im nesvrš.*	把……染色		
godišnjica *ž.*	周年	Dan državnosti	国庆节
brak *m.*	婚姻	Praznik rada	劳动节
radostan, *radosna, -o prid.*	高兴的，快乐的	Dan primirja	停战日
praznovati *praznujem nesvrš.*		Prvi svetski rat	第一次世界大战
	过节，庆祝节日	Julijanski kalendar	儒略历
zvono *s.*	钟声		

NAPOMENE
课文讲解

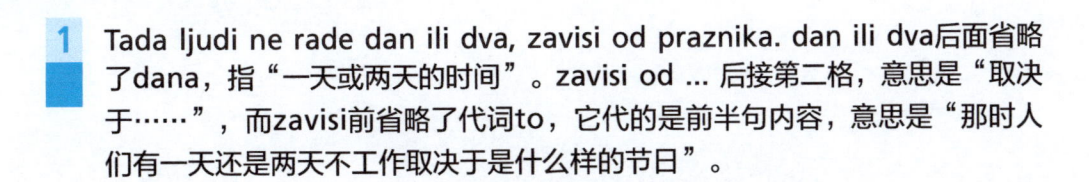

1 Tada ljudi ne rade dan ili dva, zavisi od praznika. dan ili dva后面省略了dana，指"一天或两天的时间"。zavisi od ... 后接第二格，意思是"取决于……"，而zavisi前省略了代词to，它代的是前半句内容，意思是"那时人们有一天还是两天不工作取决于是什么样的节日"。

2 Nova godina, Dan državnosti, Praznik rada ... 作为专有名词词组第一个词的首字母要大写。

3 Srpska Nova godina - 14. januar ... po Julijanskom kalendaru. 塞尔维亚东正教沿用儒略历计算日期，比格里高利历，也就是公历的日期晚13天，所以它的宗教新年是1月14日，圣诞节是1月7日，而不是公历12月25日。

3 ... ide se u crkvu. 动词ići第三人称单数ide加se是无人称句用法，意思是"人们去教堂"。

4 Mnogi simboli vezani su za ove praznike: ... vezani za后接第四格，意思是"与……相关或相连的"。

5 Običaj je da se za Božić unosi badnjak, a za Uskrs se boje jaja. 塞尔维亚圣诞节的习俗是人们用橡树枝叶做成圣诞树放在家里，复活节的习俗是把煮好的鸡蛋染上各种颜色，人们拿它们互相撞击比赛看谁的鸡蛋不会被撞破，谁就会得到幸运。

6 Na Božić ujutro ... na后接第四格，表示时间，意思是"在圣诞节这天早晨"。

7 ... domaćica kuće ustaje pre svih i od testa pravi pogaču ... svih后面省略了ukućana，指女主人在所有家人之前先起床。praviti ... od ...，意思是"用什么材料做成什么"，这里指用面团制作出节日吃的圆形面包。

8 Posle službe narod i ukućani se međusobno pozdravljaju ... 这里的pozdravljati se是表示相互关系的反身动词，指他们相互问候。

9 "Hristos Vaskrse!" i "Vaistinu Vaskrse!" vaskrse是名词vaskrs（复活）的呼格。

10 ... a kucanje jajima ... jajima是工具格，意思是"用鸡蛋撞击"。

TEKST B
课文B

SLAVA

Slava je prastari narodni običaj. Nekada su svi Sloveni imali slavu, a danas ovaj praznik slave samo Srbi. Toga dana se slavi zaštitnik porodice i kuće. Najveće slave u Srbiji su Sveti Nikola, Sveti Jovan, Sveti Luka, Sveti Sava, Sveta Petka ... Veruje se da sveci čuvaju porodice, daju kišu, leče bolesne. Dobre ljude nagrađuju, a zle kažnjavaju. Na primer, Sveti Nikola čuva putnike i moreplovce, Sveti Luka umetnike, a Sveta Petka žene. Sveti Sava čuva đake, studente, profesore i škole. Slava je radostan dan za domaćine i goste.

Najviše porodica slavi Svetog Nikolu 19. decembra. Ponekad gosti idu kod nekoliko porodica koje slave istu slavu. Domaćini, muž i žena, u kući imaju ikonu sveca zaštitnika, slavski kolač, kuvano žito, vino i sveću. To su simboli slave. Sveća se pali ujutro, a gasi uveče. Slavski ručak sprema domaćica. Taj ručak je veoma bogat. Služi se nekoliko vrsta jela, salata i kolača. Piju se vino, pivo, rakija i sokovi. U goste dolaze rođaci i prijatelji. Stari običaj je da se ne nosi ništa, ali u novije vreme se nose cveće, vino ili čokolada. Kada dođu, gosti kažu: "Srećna slava, domaćine!" Kad sednu, domaćica će njih poslužiti žitom. Nekada su goste služili samo žitom, kafom, sitnim kolačima i pićem. Vremenom taj običaj se promenio i za slavu se spremaju razna jela.

Slava je veseo praznik. Domaćini i gosti slušaju muziku, pevaju pesme, pričaju vesele priče, smeju se i druže opušteno.

NOVE REČI I IZRAZI
词汇和表达

prastar -a, -o prid.	古老的	nagrađivati nagrađujem nesvrš.	奖励
Srbin m.	塞尔维亚人	kažnjavati -am nesvrš.	惩罚
čuvati -am nesvrš.	保护；保卫	moreplovac m.	航行者
lečiti -im nesvrš.	治病，医治	ikona ž.	圣像

gasiti *-im* nesvrš.	熄灭	družiti se *-im* nesvrš.	同……交朋友
služiti *-im* nesvrš.	招待；效劳	opušteno *pril.*	放松地
salata *ž.*	沙拉菜；生菜		
rakija *ž.*	白酒	na primer	举例
rođak *m.*	亲属，亲戚	svetac zaštitnik	守护神
čokolada *ž.*	巧克力	kuvano žito	煮麦粥
poslužiti *-im* svrš.	招待；效劳	sitni kolači	小点心
smejati se *-em* nesvrš.	笑；开玩笑		

NAPOMENE
课文讲解

1 Veruje se da sveci čuvaju porodice ... 这句是被动语态，指的是连词da后面所跟的内容是被相信的，动词verovati用第三人称单数加se。

2 ... leče bolesne ... 以及后面这句 ... a zle ... 都省略了ljudi第四格ljude。

3 ... u kući imaju ikonu sveca zaštitnika ... 词组svetac zaštitnik两个词是并列关系，都是第一格，变成第二格sveca和zaštitnika修饰的是ikona，指守护神/圣像。

4 ... ali u novije vreme ... u后接第四格表示时间，指"在新时代"。

5 ... domaćica će njih poslužiti žitom. žitom是工具格，意思是"用žito招待他们"。

6 Vremenom taj običaj ... 用vreme的工具格表示时间，意思是"随着时间的推移，逐渐地……"。

7 ... smeju se i druže opušteno. druže后面省略了se，当两个反身动词并列又是同一主语发出的动作时，后面的反身动词可省略se。

GRAMATIKA
语法知识

1. 被动语态II

及物动词主动形式（有人称变化形式）加人称反身代词省略形式se构成被动语态II，prelazni glagol+se，也被称为反身被动语态refleksivni pasiv。在被动语态I中sam，si，je，smo，ste，su+被动形动词这种形式既可以表示过去时态又兼有现在时态特征，为了避免这种现象的出现，当被动语态表现在时态的时候，常用被动语态II，动词现在时加se这种反身被动语态形式，因为它只有现在时态的含义。被动语态II也可用于过去时和将来时。

构成：主动语态的客体第四格，变为第一格，动词后加上se，动词人称变化取决于变为第一格的客体的性和数，如：

主动句	被动句
现在时：Ljudi slave praznik.	Slavi se praznik.
Ljudi slave praznike.	Slave se praznici.
过去时：Ljudi su slavili prznik.	Slavio se praznik.
Ljudi su slavili praznike.	Slavili su se praznici.
将来时：Ljudi će slaviti praznik.	Slaviće se praznik.
Ljudi će slaviti praznike.	Slaviće se praznici.

2. 由数量副词组成词组与由表示数量形容词组成词组在句中做主语时，谓语动词变化不同。

① 当表示数量副词后接名词类词或词组并在句中做主语时，谓语动词用第三人称单数，过去时用中性单数，如：

现在时：Mnogo porodica slavi istu slavu.

将来时：Mnogo porodica će slaviti istu slavu.

过去时：Mnogo porodica je slavilo istu slavu.

常用表示数量的副词：mnogo, dosta, puno, malo, koliko, nekoliko, više, najviše ...

② 当表示数量的形容词后接名词复数并在句中做主语时，谓语动词用第三人称复数，如：

现在时：Mnoge porodice slave istu slavu.   Neki ljudi slave praznik.

将来时：Mnoge porodice će slaviti istu slavu.   Neki ljudi će slaviti praznik.

过去时：Mnoge porodice su slavile istu slavu.   Neki ljudi su slavili praznik.

常用表示数量形容词：mnogi (-e, -a), neki (-e, -a), svi (-e, -a)...

VEŽBE
练习

1 Pretvorite sledeće rečenice u pasivne, najpre u perfektu, a zatim u futuru kao u primeru.

Ljudi slave praznik.
Slavi se praznik
Slavio se praznik.
Slaviće se praznik.

1. Ljudi gledaju utakmicu.
2. Srbi rado piju kafu.
3. Fabrika proizvodi šećer.
4. Otac unosi badnjak za Božić.
5. Mladi kupuju modernu odeću.
6. Studenti mnogo čitaju ovu knjigu.
7. Seljaci gaje pšenicu.
8. Strani studenti govore srpski jezik.

2 Pretvorite sledeće rečenice u pasivne, najpre u perfektu, a zatim u futuru kao u primeru.

Svi gledaju filmove.
Gledaju se filmovi.
Gledali su se filmovi.
Gledaće se filmovi.

1. Domaćice boje jaja za Uskrs.
2. Oni gledaju vesti na televiziji.
3. Gosti jedu kolače na slavi.
4. Oni čitaju novine.
5. Studenti polažu ispite u septembru.
6. Đaci uče nove lekcije.
7. Ljudi kupuju poklone za Novu godinu.
8. Mladi govore strane jezike.

3 Prvo stavite glagole u zagradama u prezent, a zatim stavite rečenice u perfekat kao u primeru.

Najviše porodica .... Svetog Nikolu. (slaviti)
Najviše porodica slavi Svetog Nikolu.
Najviše porodica je slavilo Svetog Nikolu.

1. Mnogo porodica .... istu slavu. (imati)
2. Najviše gostiju .... uveče na slavu. (dolaziti)
3. Puno dece .... engleski jezik. (učiti)
4. Mnogo gledalaca .... u bioskopu. (jesam)
5. Malo ljudi .... latinski jezik. (znati)
6. Nekoliko autobusa .... prema Novom Sadu. (ići)
7. Dosta studenata .... ispite u junu. (polagati)
8. Mnogo praznika .... u Srbiji. (slaviti se)

4 Prvo stavite glagole u zagradama u prezent, a zatim stavite rečenice u perfekat kao u primeru.

Mnogobrojni ljudi ....na more. (ići)
Mnogobrojni ljudi idu na more.
Mnogobrojni ljudi su išli na more.

1. Mnoge porodice .... slavu. (slaviti)
2. Neki gosti .... uveče na slavu. (dolaziti)
3. Mnoga sela .... škole. (nemati)
4. Neka mesta .... zauzeta. (jesam)
5. Neke studentkinje .... predavanje. (slušati)
6. Svi službenici .... na vreme. (doći)
7. Sve prodavnice .... zatvorene. (jesam)
8. Neki mladi .... diskoteku. (ne voleti)

5 Izaberite pridev ili imenicu i završite rečenice.

1. Tokom zime slavi se najviše .... (praznik / praznični)
2. .... (praznik / praznični) dani najčešće se provode u kući s .... (porodica / porodični)
3. Za .... (praznik / praznični) ručak domaćica sprema najbolja jela.

4. Žito, ... (slava / slavski) kolač i sveća su obavezni na svakoj .... (slava / slavski)
5. .... (država / državni) praznici su važni datumi iz istorije naroda i .... (država / državni)
6. Božić, Uskrs i slava su .... (vera / verski) praznici za pravoslavnu .... (vera / verski)

6 Dopunite rečenice kao u primeru.

Domaćica će .... poslužiti .... (mi, žito)
Domaćica će nas poslužiti žitom.

1. Domaćin .... služi .... (ja, domaće vino)
2. Domaćini će .... poslužiti .... (vi, kafa)
3. Domaćica je .... poslužila .... (gosti, razna jela)
4. Nekada su ljudi .... samo služili .... (gosti, sitni kolači)
5. Petar voli da .... služi .... (prijatelji, svoja domaća rakija)
6. Običaj je u Kini da domaćin .... služi .... (gost, čaj)

7 Dopunite rečenice odgovarajućim predlogom kao u primeru.

u, na, za

Otac unosi badnjak .... Božić.
Otac unosi badnjak za Božić.

1. Običaj je da se boje jaja .... Uskrs.
2. .... Božić ujutro obično domaćica ustaje najranije.
3. .... novije vreme se menja stari običaj.
4. Ujutro zvono zvoni .... pravoslovnom hramu.
5. Spremili su poklone .... slavu.
6. Šta očekujete .... Novoj godini?
7. Domaćini i gosti pričaju i pevaju .... slavi.
8. Verski praznici se slave .... kući i ide se .... crkvu.
9. Rođaci i prijatelji dolaze .... goste .... slavu.
10. .... Božić ujutro narod odlazi .... crkvu .... Božićnu službu.

8 Stavite reči u zagradama u odgovarajuće oblike kao u primeru.

Ovi simboli su _____ za _____ (vezan, verski praznici)
Ovi simboli su vezani za verske praznike.

1. Badnjak je _____ za _____ (vezan, Božić)
2. Farbanje jaja je _____ za _____ (vezan, Uskrs)
3. Žito, slavski kolač i sveća su _____ za _____ (vezan, slava)
4. Koji običaji su _____ za _____ (vezan, Nova godina)
5. Na Uskrs radost dece je _____ za _____ (vezan, kucanje jajima)
6. Ikona sveca zaštitnika je _____ za _____ (vezan, porodična sreća)
7. Teslini pronalasci su bili _____ za _____ (vezan, budućnost)
8. Vukova reforma je _____ za _____ (vezan, razvoj srpskog jezika i književnosti)

9 Stavite reči u zagradama u odgovarajuće oblike kao u primeru.

Na Božić domaćica pravi _____ od _____ (pogača, testo)
Na Božić domaćica pravi pogaču od testa.

1. Za verske prznike domaćica pravi _____ od _____ (kuvano žito, pšenica)
2. Zora je spremila _____ od _____ (pita, sir)
3. Napravio je _____ od _____ (sok, jabuka)
4. Domaćin je pravio _____ od _____ (rakija, šljiva)
5. Seljaci su napravili _____ od _____ (kajmak, mleko)
6. Oni prave _____ od _____ (vino, domaće grožđe)
7. Marija je napravila _____ od _____ (prebranac, pasulj i crni luk)
8. Ljudi su uspeli da naprave _____ od _____ (prijatno mesto za decu, stari i mali zoološki vrt)

10 Odgovorite na pitanja.

1. Kad su pravoslavni Božić i Nova godina i zašto?
2. Koji su državni i verski praznici u Srbiji?
3. Koji običaji su vezani za Božić i Uskrs?
4. Šta je slava? Kako se slavi slava?
5. Koga čuva Sveti Sava prema verovanju?

DOMAĆI ZADATAK
家庭作业

1 Dopunite rečenice kao u primeru.

Ljudi u Srbiji slave Božić sedmog januara.
U Srbiji Božić se slavi sedmog januara.

1. Domaćin na slavi pali sveću ujutro i gasi uveče.
2. Gosti nose cveće, vino ili čokoladu za slavu.
3. Ljudi mnogo gledaju u pametne telefone.
4. Plaćaju struju, vodu i telefon početkom meseca.
5. Ljudi praznuju državne praznike.
6. Na Božić ujutro ljudi idu u crkvu.
7. Na Uskrs Srbi kažu: "Hristos Vaskrse!"
8. Ljudi veruju da sveci treba da zaštite porodice.

2 Stavite sledeće rečenice u perfekat i futur kao u primeru.

Srpska Nova godina se slavi 14. januara.
Srpska Nova godina se slavila 14. januara.
Srpska Nova godina će se slaviti 14. januara.

1. Stari običaj se menja.
2. Praznuje se slava.
3. Za praznik se nosi crno vino.
4. Čokolada se najviše kupuje za decu.
5. Na Božić se spremaju razna jela.
6. Na Uskrs se ide u crkvu.
7. Uveče se kaže: Laku noć!
8. Ništa se ne nosi.

3 **Stavite sledeće rečenice u perfekat kao u primeru.**

Mnogo porodica slavi Uskrs.
Mnogo porodica je slavilo Uskrs.

1. Nekoliko ljudi ima koronavirus u zgradi.
2. Mnogobrojni ljudi vakciniše tokom pandemije.
3. Malo ljudi ne vakciniše u gradu.
4. Neki đaci ne znaju dobro matematiku.
5. Koliko studenata ide na izlet?
6. Mnogo gostiju dolazi na slavu.
7. Svi učenici uče novu lekciju.
8. U Beogradu studira nekoliko hiljada studenata.

4 **Stavite reči u zagradama u odgovarajuće oblike kao u primeru.**

Svetac čuva .... (porodica)
Svetac čuva porodicu.

1. Sveti Nikola čuva .... (putnici i moreplovci)
2. Sveti Luka čuva .... (razni umetnici)
3. Sveta Petka čuva .... (žene i devojke)
4. Sveti Sava čuva .... (đaci, studenti, profesori i škole)
5. Sveci leče .... (bolesni ljudi)
6. Sveci nagrađuju .... (dobri ljudi)
7. Sveci kažnjavaju .... (zli ljudi)
8. Ikona sveca zaštitnika čuva .... (porodična sreća)

5 **Odgovorite na pitanja?**

1. Koji su državni i verski praznici u Kini?
2. Kad je dan Državnosti Kine i koliko dana se ne radi?
3. Da li se slavi Božić u Kini i zašto?
4. Kako se slavi kineska Nova godina?
5. Koji praznik najviše volite i zašto?

DRUŠTVENO-KULTURNA BAŠTINA
社会·文化点滴

塞尔维亚传统节日

塞尔维亚的主要宗教为东正教，其宗教节日沿用旧历儒略历计算日期，比格里高利历，也就是公历的日期晚13天，如：圣诞节是1月7日，而不是公历12月25日；宗教新年是1月14日，而不是公历1月1日。最重要的传统节日是圣名日、圣诞节和复活节。

塞尔维亚东正教非常重视圣名日（Slava）。圣名日是塞尔维亚家庭的节日，也是塞尔维亚人祭祖的日子。塞尔维亚人一般与亲朋好友一起过圣名日，除了盛大的仪式外，还准备丰盛菜肴，家里充满了节日的气氛。

圣诞节（Božić）习俗是圣诞夜当天的早晨，一家之主出门砍橡树枝做成圣诞树（Badnjak），在太阳落山时搬进家门。圣诞夜的晚餐严守斋戒，面包也不能用刀切，只能用手掰。除了用"死面"烤的面包外，允许食用的有鱼、蜂蜜、葡萄酒、烤芸豆，还有核桃、苹果、梨、干李子、海枣、干果、杏仁、榛子等。圣诞节当天早上第一位登门的客人被称为položajnik或polažajnik，塞尔维亚人相信他会给家里带来幸福。按习俗，这个人会向主人致以问候："Hristos se rodi!"主人答："Vaistinu se rodi!"圣诞大餐有几道特有的菜肴——圣诞烤肉（pečena prasetina）和一种大的圆面包（česnica）。主妇在烤面包时放入一枚小钱币，晚餐时只能用手掰面包。人们相信谁分到了那一块藏有钱币的面包，该年就是他的幸运年！

复活节（Uskrs）的时间是不固定的，一般是每年在犹太人的逾越节后，月圆后的第一个星期日。或是春分，或是紧接着春分日后，但一定不会在春分日前。复活节这天，人们互相致以问候："Hristos Vaskrse!"并回答："Vaistinu Vaskrse!"

10
DESETA JEDINICA
第十单元

ZNAMENITOSTI BEOGRADA
贝尔格莱德景点

TEKST A
课文A

ZNAMENITOSTI U BEOGRADU

Knez-Mihailova ulica je pešačka zona i trgovački centar Beograda. Oduvek je ova ulica predstavljala nešto posebno za stanovnike Beograda. Kad je neki mlad Beograđanin želeo da vidi nekog, odlazio je u ovu ulicu. Iz večeri u veče šetali su gore-dole ulicom, po nekoliko puta. Tako su se družili. I sada je tako. Kada dođete u ovu ulicu, nećete se pitati gde je srce Beograda. Videćete da se nalazite upravo u njemu. To je prijatno mesto, pogodno za opuštanje i časove odmora, a ujedno i idealno mesto za šoping. Umesto vozila tu su klupe, moderni butici, kafići i restorani. U njoj nema užurbanosti. Manje je buke i nervoze nego u okolnim ulicama. Kada je lepo vreme, ljudi sede ispred restorana, posmatraju prolaznike. Ova lepa ulica ne privlači samo Beograđane nego i turiste.

Desetak minuta udaljena od centra grada nalazi se Ada Ciganlija, omiljeno izletište Beograđana, centar za rekreaciju i sport. To je ostrvo na Savi, ima lepo uređenu park-šumu, puno zelenila i peščane plaže. Sava je ovde pregrađena i tako je stvoreno jezero koje je dugo nekoliko kilometara. Voda u jezeru je toplija od savske i mnogo čistija. Tako je Beograd dobio lepo uređeno kupalište. Na obali je podignut visok toranj za skokove u vodu i tribine za gledaoce. Na ostrvu ima teren za košarku, odbojku, hokej na travi. Postoje i tereni za jahanje kroz šumu. Mnogi Beograđani koji radije letuju na reci nego na moru su napravili kućice na splavu. Ljudi su ovde gostoljubivi, srdačno dočekuju goste i imaju vremena za duge razgovore. Ima dosta malih restorana na vodi, ali i velikih, luksuznih. Gosti mogu probati čuvenu riblju čorbu napravljenu od nekoliko vrsta rečne ribe. Ada je oaza mira i odmora u velikom, bučnom gradu.

NOVE REČI I IZRAZI
词汇和表达

znamenitost *ž.*	景点；名胜	topao, *topla, -o* *prid.*	温暖的；热情的
oduvek *pril.*	向来，从来	kupalište *s.*	游泳场
srce *s.*	心，心脏	podignut *-a, -o* *prid.*	建成的
upravo *pril.*	恰好；其实	toranj *m.*	塔
ujedno *pril.*	同时	tribina *ž.*	观众台；讲坛
idealan *-a, -o* *prid.*	理想的；完美的	jahanje *s.*	骑马
šoping *m.*	购物	letovati *letujem* *nesvrš.*	度夏
umesto *predl.*	取代，代替	splav *m.*	木筏，木排
užurbanost *ž.*	匆忙，仓促	gostoljubiv, *-a, -o* *prid.*	好客的
nervoza *ž.*	精神紧张，焦躁	dočekivati *dočekujem* *nesvrš.*	接待；迎接
posmatrati *-am* *nesvrš.*	观察，观看	luksuzan, *luksuzna, -o* *prid.*	豪华的，奢侈的
prolaznik *m.*	路人	oaza *ž.*	绿洲
privlačiti *-im* *nesvrš.*	吸引	mir *m.*	平静；和平
turist(a) *m.*	游客		
udaljen, *-a, -o* *prid.*	距离的，远距离的	gore-dole	来回地
izletište *s.*	郊游地，游览地	peščana plaža	沙滩
ostrvo *s.*	岛屿	skok u vodu	跳水
uređen, *-a, -o* *prid.*	整理的，收拾好的	hokej na travi	草地曲棍球
pregrađen, *-a, -o* *prid.*	被隔开的，被隔断的	riblja čorba	鱼汤
stvoren, *-a, -o* *prid.*	建造的，创造的	rečna riba	河鱼
jezero *s.*	湖泊		

NAPOMENE
课文讲解

1 Iz večeri u veče ... "晚上"这个词在塞尔维亚语可以是veče中性结尾，也可以是večer以辅音结尾的阴性名词，iz večeri用的是večer的第二格，词组意思是"从一个晚上接着一个晚上"。

2 ... nećete se pitati gde je srce Beograda. pitati加反身代词se，意思是"自问"。

3 Videćete da se nalazite upravo u njemu. 这里的njemu是代词ono的第七格，代的是上一句中srce。

4 Umesto vozila tu su klupe ... 前置词umesto后跟第二格，意思是"代替……，替代……"。

5 U njoj nema užurbanosti. njoj是代词ona的第七格，代的是ulica。

6 Ova lepa ulica ne privlači samo Beograđane nego i turiste. 连词词组 ... ne samo ... nego/već i ... 在关联句中意思是"……不仅……而且……"。

7 Desetak minuta udaljena od centra grada nalazi se Ada Ciganlija ... udaljena阴性词尾-a，指的是Ada Ciganlija距离市中心有十分钟左右车程。

8 Ima dosta malih restorana na vodi, ali i velikih, luksuznih. luksuznih后省略了上半句出现的restoran。

9 Gosti mogu probati čuvenu riblju čorbu napravljenu od nekoliko vrsta rečne ribe. 被动形动词napravljen作为形容词在句中做定语，修饰的是名词čorba，需要与其性、数、格保持一致。

TEKST B
课文B

DOBRO DRVO

Odlomak iz knjige "Dobro drvo" - Šel Silberstejn

I tako, bilo jednom jedno drvo ... I volelo jednog dečaka. Dečak je dolazio drvetu svakog dana i vredno sakupljao opalo lišće. I ispletavši krunu od lišća, dečak je zamišljao da je šumski kralj. Mali dečak je veoma voleo drvo. I drvo je bilo srećno. Ali je vreme prolazilo i dečak je odrastao. Drvo je sve češće samovalo.

Jednog dana dečak se pojavio i drvo mu reče: "Hajde, dečače, popni se uz stablo, objaši mi granu, najedi se jabuka, u hladu mom se poigraj, i srećan budi ponovo." "Porastao sam, i nisam više za penjanje, niti za igru", reče dečak. "Hoću da kupujem stvari, da se zabavljam! Para mi treba! Ako imaš, para mi daj." "Žao mi je", reče drvo, "To nemam. Sve što imam, to su listovi i jabuke. Poberi moje jabuke, dečače, odnesi ih u grad, i prodaj. Tako ćeš doći do novca, i bićeš srećan." I dečak ga je poslušao. Ubravši jabuke, odneo ih je u grad da ih proda. I drvo je bilo srećno. I opet su godine prolazile, a dečak se nije pojavljivao ... Drvo je tugovalo. Ugledavši ponovo jednog dana dečaka, drvo je zadrhtalo od radosti i reče: "Hajde, dečače, uz stablo se popni, grane mi nogama objaši i uživaj, kao nekad." "Žurim se, nemam vremena po drveću da se penjem", odgovori dečak. "Hteo bih kuću da sagradim gnezdo toplo, udobno, za ženu i za decu. Sad mi je kuća potrebna." "To nemam", drvo reče. "Moja kuća to je ova šuma. Možeš poseći moje grane, pa od njih kuću sagradi. To će te usrećiti." I dečak posekavši grane s drveta, odneo ih je kuću sebi da sagradi.

"Poseci moje stablo, od njega lađu sebi napravi", drvo mu reče, "potom isplovi na more, i nek ti je sa srećom." I dečak je, posekavši stablo i napravivši od njega lađu, otplovio na njoj. I drvo je bilo srećno ... ali ne baš sasvim, istinski. Prošle su mnoge godine otkako se dečak nije pojavljivao. "Dečače, žao mi je", reče drvo, "ali nemam baš ništa da ti dam. Ja sam sad panj ostareli. Oprosti ..." "Meni sad mnogo ni ne treba," reče dečak, "tek miran kutak, skriven, da sednem i da se odmorim. Mnogo sam umoran." Čuvši to, drvo se uspravilo koliko je moglo. Drvo reče: "Ovamo, dečače, sedi, dušu odmori." Dečak je to učinio i drvo je ponovo bilo srećno.

NOVE REČI I IZRAZI
词汇和表达

odlomak *m.*	片段，一段	pojavljivati se *pojavljujem* *nesvrš.*	出现
vredno *pril.*	勤劳地，勤奋地	tugovati *tugujem* *nesvrš.*	怀念，思念
opao, *opala, -o* *prid.*	枯萎的，凋落的	ugledati *-am* *svrš.*	看见，看出
isplesti *ispletem* *svrš.*	编；编造	ponovo *pril.*	又一次，再次
kruna *ž.*	皇冠	zadrhtati *zadršćem* *svrš.*	开始发颤，颤抖起来
zamišljati *-am* *nesvrš.*	设想，想象	penjati se *penjem* *nesvrš.*	攀登，登高
odrasti *odrastem* *svrš.*	长大，成长	sagraditi *-im* *svrš.*	建造，修建
samovati *samujem* *nesvrš.*	孤独生活	gnezdo *s.*	房子；巢穴
pojaviti se *-im* *svrš.*	出现	poseći *posečem* *svrš.*	砍下，切下
reći *rečem, reknem* *svrš.*	说	usrećiti *-im* *svrš.*	使……幸福
popeti se *popnem* *svrš.*	爬上，登上	lađa *ž.*	船
stablo *s.*	树干	potom *pril.*	然后
objahati *objašem* *svrš.*	骑（马）	isploviti *-im* *svrš.*	启航
najesti se *najedem* *svrš.*	吃饱	otploviti *-im* *svrš.*	航行而去
hlad *m.*	阴凉处；凉爽	istinski *pril.*	真实地，真正地
niti *vezn.*	也不……	otkako *pril.*	自从……起
poigrati *-am* *svrš.*	玩一会儿；跳一会儿	panj *m.*	树墩
porasti *porastem* *svrš.*	长高；增长	ostareo, *ostarela, -o* *prid.*	年迈的
penjanje *s.*	登高，攀登	oprostiti *-im* *svrš.*	原谅
zabavljati se *-am* *nesvrš.*	玩耍，娱乐	kutak *m.*	小角落
list *m.*	树叶；页；报纸	skriven, *-a, -o* *prid.*	隐蔽的，隐藏的
pobrati *poberem* *svrš.*	采摘	uspraviti se *-im* *svrš.*	挺直，伸直
prodati *-am* *svrš.*	卖，出售	duša *ž.*	心灵；灵魂
poslušati *-am* *svrš.*	听从，听话	učiniti *-im* *svrš.*	做出；组成
ubrati *uberem* *svrš.*	摘；收集		

NAPOMENE
课文讲解

1 Drvo je sve češće samovalo. češće是副词često的比较级，意思是"更频繁……"。

2 "Hajde, dečače, popni se uz stablo, objaši mi granu, najedi se jabuka, u hladu mom se poigraj, i srećan budi ponovo." dečače是dečak的呼格，dečak+e发生音变，k+e→če，动词popni、objaši、najedi、poigraj、budi都是动词第二人称单数的命令式，包括本篇课文后面drvo说的话中的动词都是命令式，budi是助动词biti第二人称单数命令式。词组najesti se后跟第二格，意思是"吃饱……，吃足……"。

3 "Porastao sam, i nisam više za penjanje, niti za igru"，连词niti用在并列否定句中，意思是"也不……"，只有前半句出现否定形式，后半句也是否定式时用这个表示否定的连词。

4 Žurim se, nemam vremena po drveću … 动词žuriti加se，表示自己很忙，不加se意思是"忙着去……"，如：žurim na posao.（我忙着去上班。）

5 … i nek ti je sa srećom. nek是语气词neka省略式，用在第三人称命令式中，句意是"让好运伴随你"，句中ti是人称代词"你"第三格tebi的省略形式。

6 … drvo se uspravilo koliko je moglo. 副词koliko表示程度，修饰动词uspraviti se。

GRAMATIKA
语法知识

1 过去时副动词 glagolski prilog prošli

意义：如同在第七单元语法中的现在时副动词，过去时副动词也是单一的、不带人称的一种动词变化形式，区别在于它表示的动作特征是在动词谓语所表现的动作之前发生的，二者的动作也须是同一主体发出的。它本身没有人称变化形式，在句中也不能当谓语使用。之所以被称为过去时副动词，是因为既有副词特征又具有动词特点，而且只用在过去时态里表示过去发生的动作。它在句中可以作为状语，不仅可以表示时间，也可以表示方式和原因。

构成：大部分以完成体动词构成，很少用未完成体动词。在动词不定式词干上加后缀-vši或-avši。Infinitivna osnova+-vši/-avši

①当动词不定式词干以元音结尾时加后缀-vši，如：
ugledati→ugleda-ti→ugleda+vši→ugledavši
odneti→odne-ti→odne+vši→odnevši
napraviti→napravi-ti→napravi+vši→napravivši
čuti→ču-ti→ču+vši→čuvši

②当动词不定式词干以辅音结尾时加后缀-avši，如：
（注：这类动词不定式词干为去掉动词过去完成式第一人称后缀-oh。）
porasti→porast-oh→porast+avši→porastavši
poseći→posek-oh→posek+avši→posekavši
reći→rek-oh→rek+avši→rekavši
doći→dođ-oh→doš-oh→doš+avši→došavši 发生不规则变化，不定式词干đ→š，这类词有ući→ušavši, izaći→izašavši, naći→našavši, poći→pošavši ...
另外以-sti结尾的动词有特殊变化情况，如：isplesti按照不定式词干以辅音结尾加后缀-avši变化，即isplesti→isplet-oh→isplet+avši→ispletavši，而sesti, pasti不定式词干也是以辅音结尾，但过去时副动词是在有缺损不定式词干上加-vši构成，如：sesti→sed-oh→se+vši→sevši, pasti→pa-oh→pa+vši→pavši。

用法：在过去时态句子中做状语，表示时间、方式和原因。
①表示时间，动作发生在动词谓语动作之前，如：
Ubravši jabuke, odneo ih je u grad da ih proda.
他摘完苹果后把它们拿到了城里去买。
Ušavši u stan, uključio sam televizor.
我进到房间后打开了电视。

②表示方式，如：
Otišla je ne rekavši ni reči.
她一个字没说就走了。
③表示原因，如：
Ne mogavši više da sedi, otišla je u šetnju.
她坐不住了，于是散步去了。
Shvativši da će zakasniti, potrčali su prema školi.
他们发现可能迟到，于是向着学校方向跑去。
④有些过去时副动词变成了形容词，可做名词定语，如：
由助动词biti变为的过去时副动词bivši，做形容词的意思是"原来的"或"过去的"，如：bivši drug（过去的同学），还有došavši，如：novodošavši učenik（新来的学生）。

2 中性名词单数**drvo**，指被砍伐或砍断下来的木头或木柴，也可以指未被砍伐或砍断的树木或木材，根据这两种不同意思有两种不同变格形式。**drveće**是集合名词，指各种未被砍伐的树和树木，集合名词没有复数形式。

drvo木头，木柴：

	singular	plural
N.	drvo	drva
G.	drva	drva
D.	drvu	drvima
A.	drvo	drva
V.	drvo	drva
I.	drvom	drvima
L.	drvu	drvima

drvo树木，木材：

	singular	plural
N.	drvo	drveta
G.	drveta	drveta
D.	drvetu	drvetima
A.	drvo	drveta
V.	drvo	drveta
I.	drvetom	drvetima
L.	drvetu	drvetima

drveće树木：

	singular
N.	drveće
G.	drveća
D.	drveću
A.	drveće
V.	drveće
I.	drvećem
L.	drveću

VEŽBE
练习

1 Stavite sledeće glagole u glagolske priloge prošle.

dozvoliti→   pasti→
nastati→   ući→
izneti→   preći→
osnovati→   izaći→
uspeti→   provesti→

2 Završite sledeće rečenice odgovarajućim glagolskim prilogom prošlim kao u primeru.

Kad je ponovo ugledalo dečaka, drvo je zadrhtalo od radosti.
Ugledavši ponovo dečaka, drvo je zadrtalo od radosti.

1. Kad su naučili novu lekciju, otišli su u dom.
2. Pošto je napisala domaći zadatak, počela je da gleda crtani film na televiziji.
3. Kad sam uplatio hiljadu dinara, dobio sam autobusnu kartu.
4. Čim smo odigrali utakmicu, popili smo puno vode.
5. Kad je izgubio pasoš, nije mogao da putuje.
6. Pošto niste dobro spremili, niste položili ispit.
7. Kad su se vratili sa fakulteta, videli su svoje drugove.
8. Čim su se preselili u novi stan, kupili su novi nameštaj.

3 Završite sledeće rečenice odgovarajućim glagolskim prilogom prošlim ili sadašnjim kao u primeru.

Kad je odgledao film, pomislio je na njega.   Dok je gladao film, mislio je na njega.
Odgledavši film, pomislio je na njega.   Gledajući film, mislio je na njega.

1. Kad je pročitao novine, zaspao je. (zaspati *zaspim* 入睡)
2. Zaspao je dok je čitao novine.
3. Dok ga je gledala, razmišljala je o njegovoj prošlosti.
4. Čim joj je to rekao, odmah je otišao.
5. Dok smo čekali voz na stanici, razgovarali smo o našem planu.
6. Kad je ostala sama, nastavila je da čita.

7. Dok sam se vraćala kući, razmišljala sam o nama.
8. Pošto sam se vratila kući, skuvala sam kafu.
9. Dok sam se odmarao na krevetu, slušao sam muziku.
10. Kad sam se odmorio, nastavio sam rad.

4 Transformišite sledeće rečenice kao u primeru.

Rekavši to, odmah je otišao. Slušajući muziku, ja uživam.
Kad je to rekao, odmah je otišao. Dok slušam muziku, ja uživam.

1. Došavši kući, uključio je kompjuter.
2. Putujući po svetu, upoznali smo mnogo prijatelja.
3. Shvativši da će zakasniti, požurila je.
4. Vraćajući se sa koncerta, sreli su prijatelje.
5. Čuvši to, otišao je bez pozdrava.
6. Gazda se vratio kući ostavivši mačke.
7. Posetioci prolaze pored spomenika šetajući parkom.
8. Videćete puno kafića i restorana prolazeći pored ove ulice.
9. Počeli smo gledati televiziju večeravši.
10. Gledali smo televiziju večerajući.

5 Izaberite prideve i stavite ih u odgovarajuće oblike kao u primeru.

topao, nervozan, opušten, srdačan, miran

Voda u jezeru je .... nego savska.
Voda u jezeru je čistija nego savska.

1. Ljudi su .... u gradu nego na Adi Ciganiji.
2. Pešačke ulice su .... nego ostale ulice u gradu.
3. U prirodi smo .... nego u gradu.
4. Ljudi sa kućama na splavu su .... nego u gradu.
5. Jezerska voda je .... nego voda u Savi.

6 Stavite reči u zagradama u odgovarajuće oblike kao u primeru.

Jezerska voda je (topao) od (savska)
Jezerska voda je toplija od savske.

1. Jezerska voda je (čist) od (rečna voda).
2. Neki ljudi kažu da je rečna riba (ukusan) od (morska riba).
3. Ada je (miran) od (beogradske ulice).
4. Kupanje na Adi je (prijatan) od (kupanje u bazenu).
5. Sadašnjost je (važan) od (prošlost).

7 Izaberite odgovarajuće reči i dopunite sledeće rečenice kao u primeru.

rado, prijatno, dobro, često, srdačno, opušteno

U Knez-Mihailovoj ulici .... je buke nego u okolnim ulicama.
U Knez-Mihailovoj ulici manje je buke nego u okolnim ulicama.

1. .... je provesti slobodno vreme na Adi nego ostati kod kuće.
2. Mnogi Beograđani .... letuju na reci nego na moru.
3. U svojim kućama na Adi ljudi provode vreme .... nego u svojim stanovima.
4. Na Adi ljudi .... dočekuju goste nego u gradu.
5. Neki misle da je .... jesti u malim restoranim nego u velikim.
6. U Kini ljudi .... piju čaj nego kafu.

8 Dopunite rečenice odgovarajućim imenicama ili pridevima iz tabele.

Imenice	Pridevi
jezero	jezerski, -a, -o
Beograd	beogradski, -a, -o
riba	riblji, -a, -e
reka	rečni, -a, -o
Sava	savski, -a, -o
grad	gradski, -a, -o

1. Sava i Dunav su velike .... Po njima plove .... brodovi.
2. .... je najveći grad u Srbiji. .... ulice su bučne.
3. Ovo je reka .... Sada prelazimo .... most.

4. Pregrade su stvorile .... na Adi. .... voda je toplija nego rečna.
5. Ada Ciganlija se nalazi nedaleko od centra .... Tamo nema .... buke i užurbanosti.

9 **Stavite reči u zagradama u odgovarajuće oblike kao u primeru.**

Knez-Mihailova ulica je samo za (pešaci).
Knez-Mihailova ulica je samo za pešake.

1. Ljudi na Adi imaju vremena za (dugi razgovori).
2. Na obali Ade je podignut visok toranj za (skokovi) u vodu.
3. Ovo izletište Beograđana je centar za (rekreacija i sport).
4. Ada je oaza mira i odmora za (Beograđani).
5. Ova lepa ulica je interesantna i za (strani turisti).
6. On bi hteo da sagradi kuću za (žena) i za (deca).

10 **Odgovorite na pitanja.**

1. Kakva je Knez-Mihailova ulica?
2. Šta je Ada Ciganlija?
3. Ima li u vašem gradu ulica samo za pešake?
4. Kakve osobine ima drvo u ovoj priči?
5. Šta je poruka u priči o Dobrom drvetu?

DOMAĆI ZADATAK
家庭作业

1 Dopunite rečenice veznicima kao u primeru.

... ne samo ... nego (već) i ...

Ova lepa ulica .... privlači Beograđane .... turiste.
Ova lepa ulica ne privlači samo Beograđane nego i turiste.

1. Ona .... govori .... engleski jezik .... i fransuski.
2. Oni .... rade .... danas .... i sutra.
3. U ovom restoranu gosti .... jedu .... rečnu ribu .... i morsku.
4. Marko .... putuje .... po Srbiji .... i po svetu.
5. Knez-Mihailova ulica .... trgovačka ulica .... i pešačka zona.
6. Ova devojka .... lepa .... i pametna.

2 Stavite sledeće glagole u glagolske priloge prošle.

isključiti→   sesti→
nestati→   stići→
upisati→   proći→
posetiti→   iseći→
završiti→   prevesti→

3 Zamenite sledeće rečenice odgovarajućim glagolskim prilogom sadašnjim ili prošlim.

1. Dok je čitala novine, razmišljala je o poslu.
2. Kad ju je ugledao, pozdravio ju je srdačno.
3. Dok smo šetali ulicom, razgovarali smo o njemu.
4. Pošto je napravio lađu, dečak je otplovio na njoj.
5. Čim smo se vratili iz bioskopa, nastavili smo da učimo.
6. Dok sam se vraćala s posla, videla sam bivšu drugaricu.

4 Dopunite rečenice odgovarajućim oblikom **drvo** i **drveće**.

1. Dečak je dolazio .... svakog dana.
2. Dečak se igrao s ....
3. Sagradio je kuću od ....
4. Deca vole da se penju po ....
5. Seljaci su palili .... za grejanje.
6. U šumi su mnogobrojne vrste ....

5 Podvucite ono što nije tačno.

1. Knez-Mihailova ulica je ulica u kojoj ljudi mogu da se: opuste, odmore, bave raznim sportovima, šetaju, kupaju.
2. Na Adi Ciganliji ljudi su: nervozni, opušteni, užurbani, srdačni, gostoljubivi.
3. U gradu se oseća: opuštenost, nervoza, užurbanost, srdačnost.
4. Drvo je bilo: srećno, stalno tužno, umorno, grozno, simpatično.
5. Dečak je bio: srećan, umoran, gladan, poslušan, neprijatan, dosadan.

6 Razgovarajte sa partnerom.

1. Da li postoji slična ulica kao Knez-Mihailova u vašem gradu?
2. Koja je najpoznatija znamenitost u vašem gradu?
3. Kakva mesta u gradu volite?
4. Kako se osećate u bučnom gradu?
5. Šta biste radili kao dečak u priči o Dobrom drvetu?

DRUŠTVENO-KULTURNA BAŠTINA
社会·文化点滴

贝尔格莱德的波西米亚街区
——斯卡达尔利亚

距离贝尔格莱德市共和国广场不远,有一处波西米亚街区。这片街区完全保持了19世纪后半叶的样子,街道不长,两边集中了数量众多的传统塞尔维亚餐厅、酒馆和咖啡厅,是当地名人雅士集中消遣的区域。无论是从外部景观还是从内部氛围上来说,斯卡达尔利亚(Skadarlija)常常被与巴黎的蒙马特高地相提并论。

斯卡达尔利亚的辉煌岁月是在20世纪初,当时郁郁不得志的塞尔维亚歌手、音乐家、作家和诗人都在这里生活、工作和表演。后来许多名人都光临过这里,如:希区柯克、吉米·亨德里克斯、前南斯拉夫总统铁托、西班牙国王胡安·卡洛斯一世、著名棋手卡尔波夫等等。

白天,这里是一片宁静的老街区,晚上摇身一变,便成为最热闹的餐饮酒吧一条街。这里有许多著名的餐厅。

其中一家老字号已营业150多年。客人们在品尝塞尔维亚特色菜的同时,还可以享受到乐队现场弹唱的老城歌谣(Starogradske pesme),度过一个难忘的夜晚。

这里还有贝尔格莱德最古老的餐馆,已有180多年的历史。这里的一大特色就是老城音乐(Starogradska muzika),晚上8点以后,由小提琴、大提琴、手风琴、黑管等乐器组成的小乐队就会在客人的桌边演奏欢快的老城音乐,弹到兴起时,餐厅里的人都会跟着一起欢唱,在快乐的氛围中体验当地的民族风情。

11 KUĆA I STAN

JEDANAESTA JEDINICA

住房

第 十 一 单 元

TEKST A
课文A

DOM - PROSTOR NAŠE SREĆE

Gde biste radije stanovali: u savremenom stanu koji je potpuno opremljen i traži najmanje napora za održavanje? U porodičnoj kući, gde ćete imati više prostora i gde ćete moći raditi što god želite? U starom stanu, prostranom i u centru grada, koji možete adaptirati i opremiti? U lepo preuređenoj seoskoj kući, koja je okružena prirodom i u tišini?

Svaki od ovih tipova stanovanja ima svoje prednosti ali i nedostatke. U novoj stambenoj zgradi, koja je obično u predgrađu, smetaće vam susedi. U porodičnoj kući stanovanje je skuplje nego u stambenoj zgradi, a pored toga imaćete mnogo briga i poslova zbog održavanja kuće. Stari stanovi obično nemaju centralno grejanje. Za seosku kuću treba vam mnogo novca za održavanje. Osim toga, daleko je od grada, naročito kada zimi idete na posao. Zato je svaki izbor kompromis između naših želja i mogućnosti.

Tradicionalna srpska kuća je bila jednostavna i skromna, ali veoma funkcionalna. U 18. i 19. veku obično nije imala mnogo prostorija. Glavna soba (kao dnevna soba) zvala se "kuća". U "kući" se jelo, sedelo i pričalo. Tu su dolazili gosti i tu se provodio veći deo vremena. Kasnije, kada su kuće imale više prostorija, i dalje je "kuća" ostala omiljeno i najvažnije mesto u domu. Razlikovale su se kuće na planini i kuće u ravnici. U Vojvodini, najvećoj ravnici Srbije, postojao je plan sela i izgleda kuća. One su morale biti slične jedna drugoj. U planinskim krajevima nije bilo planova gradnje, gde su se kuće gradile odvojeno jedna od druge i bile su povezane putevima ili stazama. Kuće koje su građene u planinskom kraju, imale su terasu, bele zidove i dekoraciju od tamnog drveta. Kuće u Vojvodini bile su jedna do druge, gde su sobe gledale na ulicu, a dvorište i bašta bili su iza kuće.

Tradicionalne srpske kuće lepe su spolja i praktične unutra. Kuhinja nikad nije gledala na jug, a prostorija u kojoj se čuvala hrana nalazila se na severnoj, hladnijoj strani. Ulazna vrata su gledala na istok, a ne na sever. Tako su se ljudi štitili od vetrova. Kuće su se gradile od kamena, drveta, slame ... Zavisi u kom delu Srbije su bile.

NOVE REČI I IZRAZI
词汇和表达

dom *m.*	家；住宅
savremen *-a, -o prid.*	现代的，当代的
potpuno *pril.*	完全地
opremljen, *-a, -o prid.*	装备好的，配备好的
održavanje *s.*	维护，保养
adaptirati *-am svrš. i nesvrš.*	装修，使……适应
opremiti *-im svrš.*	装备，配备
preuređen, *-a, -o prid.*	改建的，重新整理的
okružen, *-a, -o prid.*	被环绕的，被包围的
priroda *ž.*	自然
tip *m.*	类型，样式
prednost *ž.*	优势；特权
nedostatak *m.*	缺点，不足
predgrađe *s.*	市郊，郊区
smetati *-am nesvrš.*	打扰，妨碍
sused *m.*	邻居
zbog *pred.*	由于，因为
kompromis *m.*	妥协，让步
mogućnost *ž.*	可能性
skroman, *skromna, -o prid.*	简陋的；谦虚的
funkcionalan, *funkcionalna, -o prid.*	实用的，功能性的
razlikovati *razlikujem nesvrš.*	区别，识别
ostati *ostanem svrš.*	继续是，仍然是
graditi *-im nesvrš.*	建造，建设
odvojen, *-a, -o prid.*	分开的；单独的
povezan, *-a, -o prid.*	被连在一起的
zid *m.*	墙面，墙
dekoracija *ž.*	装饰，装饰品
spolja *pril.*	从外面
štititi *-im nesvrš.*	保护，保卫
slama *ž.*	麦草；草垛
što god	不论什么
stambena zgrada	住宅楼
centralno grejanje	中心供暖
planinski kraj	山区
ulazna vrata	入口，入口门

NAPOMENE
课文讲解

1 ... u savremenom stanu ..., U porodičnoj kući ... stan是指住宅楼里的居室和房子，kuća是指独栋的房子。

2 ... gde ćete moći raditi što god želite ... god是语气词，意思是"不论……"，可与疑问副词和代词组成词组，如：kad god（不论什么时间），gde god（不论哪里），ko god（不论谁）。

3 ... koja je okružena prirodom ... prirodom是priroda的工具格，biti okružen后接工具格，意思是"被……所环绕"。

4 ... smetaće vam susedi. smetati后接第三格，意思是"妨碍……"。

5 ... zbog održavanja kuće. 前置词zbog后只要求第二格，意思是"由于……，因为……"。

6 ... gde su se kuće gradile odvojeno jedna od druge i bile su povezane putevima ili stazama. odvojeno jedna od druge指一座房子与另一座房子是隔开的。biti povezan后接第六格，意思是"被……连接在一起"，通常put指大路，staza指小路。

7 Kuće u Vojvodini bile su jedna do druge ... , jedna do druge指一座房子挨着另一座房子。

8 ... gde su sobe gledale na ulicu, gledati na后接第四格表示方向，指朝向哪里。

9 Tako su se ljudi štitili od vetrova. štititi ... od ... 意思是"保护……免于……的危害"，这里指人们受到保护，不被风吹着。

TEKST B
课文B

UREĐENJE STANA

U novije vreme u svakom stanu kuhinja i kupatilo imaju već ugrađenu opremu i instalacije. Tu ne možete mnogo da menjate. Ostali deo stana možete da uredite prema potrebama. Vodite ručuna da nameštaj bude pokretan i jednostavan. Tako možete da ga pomerate i kombinujete. Vrlo su korisni plakari i police gde ćete staviti sve stvari potrebne u domaćinstvu. Uređenje stana po Feng Šui pravilima je danas veoma popularno svuda u svetu.

Feng Šui je stara kineska umetnost uređenja prostora, koja je stara više od 3.500 godina i na kineskom jeziku znači 'vetar i voda'. Kinezi veruju da uređenje stana po Feng Šui-u utiče na zdravlje čoveka, na njegove finansije, karijeru, ljubav i porodicu. Veoma važna stvar za Feng Šui je 'ći'. Ći je energija i nalazi se u svemu oko nas i u nama. Ako, na primer, živite ili radite u zatvorenom i mračnom prostoru, onda je u njemu 'loš ći' i mnogo pasivne energije. Kada postoji 'dobar ći', uticaji su povoljni.

Ako želite da imate srećan i uspešan život, morate znati pravila za uređenje prostora. Na prvom mestu važan je raspored prostorija u stanu. Svaki deo stana simboliše neki važan deo života: 'posao', 'zdravlje', 'ljubav', 'novac', 'deca'. Ako želite da utičete na neki deo života, morate da pojačavate energiju tog dela stana. Ako vaši prozori gledaju na neku napuštenu kuću, parking ili suvo drvo, onda ih treba zaštititi belom i neprozirnom zavesom. Vrata stana sa otvaranjem na unutra simbolišu sreću koja ulazi u kuću. Dobar 'ći' imaju hodnici sa biljkama, slikama i ogledalom. Akvarijumi sa zlatnim ribicama donose sreću, ali ih ne treba držati u hodniku jer onda sreća izlazi iz kuće.

Ne smete spavati na malom i uskom krevetu. Jako je loše spavati na podu jer onda čovek uzima previše pasivne energije iz zemlje. Ispod kreveta ne smete ništa stavljati. Takođe, nije dobro imati nešto iznad kreveta jer je vaša energija u dubokom snu vrlo osetljiva, na koju utiče sve. Ogledalo ne treba stavljati u spavaću sobu. U spavaćoj sobi treba zidovi da budu u toplim bojama i nameštaj da bude skladan.

NOVE REČI I IZRAZI
词汇和表达

uređenje s.	布置；制度	koristan, korisna, -o prid.	有益的，有利的
instalacija ž.	装置，设备安装	plakar m.	壁橱
urediti -im svrš.	布置，整理	domaćinstvo s.	家务；家政
nameštaj m.	家具	uticati utičem nesvrš.	有影响，起作用
pokretan pokretna, -o prid.	可移动的，活动的	finansije ž. mn.	财务；金融
		karijera ž.	职业生涯
pomerati -am nesvrš.	挪动，移动	ljubav ž.	爱情；热爱
kombinovati kombinujem svrš. i nesvrš.	结合	mračan, mračna, -o prid.	黑暗的，昏暗的

pasivan, *pasivna, -o prid.*	消极的，被动的	previše *pril.*	过多地，过于地
uticaj *m.*	影响	osetljiv, *-a, -o prid.*	敏感的，敏锐的
simbolisati *simbolišem svrš. i nesvrš.*	象征着	skladan, *skladna, -o prid.*	相符的；得体的
pojačavati *-am nesvrš.*	加强		
suv, *-a, -o prid.*	干燥的；干旱的	ugrađena oprema	已安装好的设施
zaštititi *-im svrš.*	保护，保卫	raspored prostorija	空间布置
hodnik *m.*	走廊	napuštena kuća	被遗弃的房子
biljka *ž.*	植物	neprozirna zavesa	不透明窗帘
akvarijum *m.*	养鱼缸；水族馆	voditi računa	考虑到……
smeti *smem nesvrš.*	可以；敢于	zlatna ribica	小金鱼
uzak *uska, -o prid.*	窄的；紧的	dubok san	沉睡
pod *m.*	地面，地	topla boja	暖色

NAPOMENE
课文讲解

1 Ostali deo stana možete da uredite prema potrebama. 前置词prema后接第七格，意思是"按照，根据……"，prema potrebama指"根据需求"。Uređenje stana po Feng Šui pravilima je ... 前置词po后接第七格，意思也是"按照，根据……"，po pravilima意思是"按照规则"，这里前置词prema和po后接第七格，表示的意思相同。

2 ... uređenje stana po Feng Šui-u utiče na zdravlje čoveka, na njegove finansije, karijeru, ljubav i porodicu. uticati是不及物动词，须与前置词na连用，后接第四格，意思是"影响到……"，阴性名词finansija只用复数形式finansije，不用单数形式。

3 ... nalazi se u svemu oko nas i u nama. svemu是代词sve的第七格，句意是"……位于我们周边和我们自身所有地方"。

GRAMATIKA
语法知识

1 疑问-关系代词 koji

它是形容词性的代词，所以在使用中须与它所代的名词类词保持性、数、格一致。

①在疑问句中做疑问代词，指"哪个""第几"，如：

Koji je danas datum?

Koju knjigu čitaš?

U **kojem** selu ste bili?

②在关系复句中做关系代词，是连接主句和从句的关联词，其性和数与主句中所代的词一致，而变格取决于从句中的谓语动词或前置词，如：

a. ... u savremenom stanu **koji** je potpuno opremljen. 句中的koji是阳性单数第一格，它代的是主句中的stan，在从句中充当主语不变格。

b. U starom stanu, prostranom i u centru grada, **koji** možete adaptirati i opremiti? 句中的koji是阳性单数第四格，它也代的是主句中的stan，但在从句中是宾语，由动词adaptirati和opremiti要求第四格。

c. ... a prostorija u **kojoj** se čuvala hrana nalazila se na severnoj, hladnijoj strani. kojoj是阴性单数第七格，koja代的是prostorija，在从句中位于前置词u后面表示位置，变为第七格kojoj。

koji单数和复数阳性、中性、阴性变格：

	singular			plural		
	m. r.	s. r.	ž. r	m. r.	s. r.	ž.r.
N.	koji	koje	koja	koji	koja	koje
G.	kog(a) / kojeg(a)		koje		kojih	
D.	kom(e) / kojem(u)		kojoj		kojim(a)	
A.	=N/G	koje	koju	koje	koja	koje
V.	-	-	-	-	-	-
I.	kojim		kojom		kojim(a)	
L.	kojem(u) / kom(e)		kojoj		kojim(a)	

注：单数第四格=N/G的意思是当koji代的是无生命体时，形式同第一格N，当koji代的是有生命体时，变格同第二格G。

代词čiji的变格与koji变格相同。

2 表示地点疑问副词-连词 gde

①表示地点副词用在疑问句中，意思是"在哪里""去哪里"，如：

Gde je učionica?

Gde radite?

Gde si bio juče?

②连词用在表示地点的关系复句中，它只限于关联主句中表示地点或地方的词，意思是"在那里或那个地方"。当关系代词koji在复句中代的是表示地点或地方的词并与前置词连用时，gde可以替代koji，如：

a. ... a prostorija **u kojoj** se čuvala hrana nalazila se na severnoj, hladnijoj strani.

... a prostorija **gde** se čuvala hrana nalazila se na severnoj, hladnijoj strani.

koja代的是表示地方的词prostorija，可以用gde替代u kojoj。

b. Vrlo su korisni plakari i police **gde** ćete staviti sve stvari potrebne u domaćinstvu.

Vrlo su korisni plakari i police **u koje** ćete staviti sve stvari potrebne u domaćinstvu.

同样当gde连接的是表示地方的词plakari和police时，也可以用代词koji加前置词u替代。

3 表示地点和位置的前置词二格，这类前置词有：ispred，iza，pored，iznad，ispod，blizu，izvan，kod，oko，između ... 这类前置词只要求第二格，如：

ispred spomenika	iza kuće
blizu centra grada	izvan grada,
ispod kreveta	iznad kreveta
pored parka	oko nas
između naših želja i mogućnosti	

VEŽBE
练习

1 Dopunite rečenice odgovarajućim oblicima upitne zamenice **koji**.

1. .... je danas dan?
2. .... je tvoje omiljeno mesto?
3. .... filmove voliš gledati?
4. .... devojci si kupio cveće?
5. .... lekara čeka bolestan čovek?
6. Na .... mladića mislite?
7. Od .... materijala je napravljena ova dekoracija?
8. Po .... pravilima je uređenje stana danas?

2 Dopunite rečenice odgovarajućim oblicima relativne zamenice **koji**.

1. Ovo je film _____ sam gledala.
2. Ovo je čovek _____ sam telefonirao.
3. Ovo je autobus _____ sam doputovala.
4. Ovo je gospođa _____ sam juče videla u bioskopu.
5. Ovo je devojka _____ mi se sviđa.
6. Ovo je drvo _____ veoma voli dečaka.
7. Ovo su ljudi _____ sam se javila.
8. Ovo su sela _____ imaju napuštene kuće.
9. Ovo su gradovi _____ se nalaze u Aziji.
10. Ovo su nove stambene zgrade _____ su u predgrađu.

3 Dopunite rečenice odgovarajućim oblicima relativne zamenice **koji**.

1. Stan u _____ sad živimo nalazi se u centru grada.
2. Drugarica s _____ sam studirala se vratila u svoju zemlju.
3. Da li je to pitanje na _____ nisi odgovorio?
4. Veoma je važna stvar o _____ sam ti pričao.
5. Prošli smo pored prodavnice u _____ su cene povoljne.
6. Ne, to nisu police na _____ sam stavio knjige.
7. Gospođa Savić je žena od _____ sam iznajmio stan.
8. To je gospodin _____ se ne sećaš.
9. To je ulica _____ smo šetali juče.
10. Ljudi bi radije stanovali u novom stanu u _____ kupatilo i kuhinja imaju ugrađenu opremu.

4 Od dve rečenice napravite jednu složenu rečenicu odgovarajućim oblikom relativne zamenice koji kao u primeru.

Ti si mi kupio **knjigu**. Izgubio sam je.
Izgubio sam knjigu **koju** si mi kupio.

1. Kupila sam **haljinu** u nedelju. Večeras sam je obukla.
2. Kupio je **odelo** prošle nedelje. Nije ga obukao večeras.
3. Videla je **momka** u kafiću. On joj se svideo.
4. Kupili su **nameštaj**. On je skladan u novom stanu.
5. Napisao je **tri pisma** juče. Poslao ih je danas.
6. Niste dobro spremili **ispit**. Nećete ga položiti.

7. Juče je razgovarala **sa jednim** čovekom. Danas ne bi želela da ga vidi.
8. Juče smo razgovarali **o problemima**. Sad smo ih rešili.
9. Tražila sam pomoć **od jedne drugarice**. Ovo je ona.
10. Prošli smo juče **pored jednog butika**. Zorina kuća je preko puta njega.

5 Date rečenice povežite rečima **koji i gde**, u odgovarajućem obliku.

1. Bio sam u lepoj kući. Kuća je daleko izvan grada.
2. Kuhinja i kupatilo imaju instalacije. Instalacije su već ugrađene.
3. U stanu su potrebni ormani. U njih možete staviti razne stvari.
4. Adaptirao je seosku kuću. Za nju je potrošio mnogo novca.
5. Radije bi živela u novom stanu. On je potpuno opremljen.
6. Oni bi živeli u porodičnoj kući. U njoj ima više prostora.

6 Dovršite rečenice odgovarajućim oblicima reči **koji i gde**.

1. Porodična kuća je prostor .... možemo raditi što god želimo.
2. Ovo je stara kuća .... smo hteli da kupimo.
3. U centru grada nalaze se stanovi .... su jako skupi.
4. Živimo u seoskoj kući .... su velike sobe i terase.
5. Ovo je nameštaj .... mogu da pomeram po stanu.
6. Ovo je mesto .... je najveća gužva u subotu i nedelju.

7 Dopunite rečenice sledećim odgovarajućim predlozima:

od, do, na, između, ispred, iza, izvan, po, prema, oko

1. U Vojvodini su kuće bile jedna .... druge.
2. U planinskim krajevima kuće su odvojene jedna .... druge.
3. Ulazna vrata su gledala .... istok.
4. Dvorište i bašta su bili .... kuće.
5. Uređenje stana je .... Feng Šui pravilima.
6. To zavisi od izbora .... kuće i stana.
7. Čekaću te .... bioskopa.
8. Iznajmili smo stan .... potrebi.
9. .... centra grada je uvek gužva.
10. Kuće koje su okružene prirodom su .... grada.

8 Napišite prednosti i nedostatke sledećih tipova stanovanja prema tekstu.

                               prednosti   **nedostaci**

Savremeni stan:

Porodična kuća:

Starinski stan:

Seoska kuća:

9 Stavite reči u zagradi u odgovarajuće oblike.

Ljudski običaji utiču na .... (priroda)
Ljudski običaji utiču na prirodu.

1. Raspored prostorija utiče na .... (naša sreća)
2. Pasivna energija loše utiče na .... (ljudsko zdravlje)
3. Svaki deo stana utiče na .... (neki deo života)
4. Njegova odluka će uticati na .... (svi članovi porodice)
5. Vaš izbor će uticati na .... (vaša karijera i finansije)
6. Koronavirus negativno utiče na .... (ekonomska situacija sveta)

10 Upišite ✓ (tačno) i ✗ (netačno) prema tekstu A.

1. Tokom 18. i 19. veka srpska kuća bila je luksuzna. ☐
2. U glavnoj sobi se provodilo najviše vremena. ☐
3. Sve tradicionalne kuće imaju isti izgled. ☐
4. U Vojvodini su se kuće gradile prema planu. ☐
5. U planinskim krajevima kuće nisu bile jedna do druge. ☐
6. U Vojvodini su kuće imale bele zidove i dekoraciju od tamnog drveta. ☐
7. Tradicionalne srpske kuće bile su funkcionalne unutra. ☐
8. Kuhinja u staroj srpskoj kući nije smela da gleda na jug. ☐
9. Ulazna vrata gledala su na sever. ☐
10. Kuće su se gradile od kamena, slame i drveta. ☐

11 Odgovorite na pitanja.

1. Koliko tipova stanovanja ima?
2. Koji tip stanovanja volite i zašto?
3. Kako su nekad izgledale kuće u vašem kraju?
4. Šta mislite kako će izgledati kuće i stanovi u budućnosti?
5. Da li verujete u Feng Šui i zašto?

DOMAĆI ZADATAK
家庭作业

1 Dopunite rečenice odgovarajućim oblicima relativne zamenice **koji**.

1. Ovo je pismo _____ si mi poslao.
2. Ovo je čovek _____ radi kao inženjer.
3. Ovo je čovek _____ pišem imejl.
4. Ovo je čovek _____ sam videla juče na koncertu.
5. Ovo je žena sa _____ radim.
6. Ovo je žena _____ sam upoznao na putovanju.
7. Ovo je žena _____ smo kupili cveće.
8. Ovo su ljudi _____ su vas čekali.
9. Ovo su ljudi od _____ sam tražio pomoć.
10. Ovo su ljudi sa _____ ste putovali.

2 Povežite sledeće kolone.

a) To je gospodin   1) koje nećete zaboraviti.
b) To je dete   2) koju želim da kupim.
c) To su stvari   3) koga sam video na stanici.
č) To je devojka   4) čiji otac je sportista.
ć) To je autobus   5) čiju knjigu sam izgubila.
d) To je košulja   6) gde se najviše provodi vreme.
dž) To je agencija   7) kojim sam došao u Beograd.
đ) Dnevna soba je mesto   8) preko koje smo otputovali.

3 Dopunite rečenice odgovarajućim oblikom lične zamenice u genitivu.

1. Ko sedi iza .... (ti) u učionici?
2. Niko ne sedi iza .... (ja) u učionici.
3. Saša stoji između .... (mi)
4. Oko .... (ona) uvek ima mnogo ljudi.
5. Od .... (on) možeš mnogo da naučiš.
6. Ko živi iznad .... (oni)
7. Sećamo se .... (vi)

4 Reči u zagradi stavite u odgovarajući oblik.

1. U .... (porodična kuća) imate više prostora.
2. Njegov stan se nalazi u .... (centar grada)
3. Ljudi stanuju u .... (savremeni stanovi)
4. U .... (stambena zgrada) smetaju vam susedi.
5. U .... (plakari i police) nalaze se razne stvari za domaćinstvo.
6. Seljaci žive u .... (adaptirane seoske kuće)

5 Obeležite sledeće elemente po važnosti po vašem mišljenju brojevima 1. 2. ...

- cena
- broj sobe
- mesto
- blizu autobuskih stanica
- gledanje na jug

- stanje kuće
- bašta
- centralno grejanje
- ugrađena oprema
- lep pogled

6 Rad u parovima.

Prodaju se stanovi.

A
Vi ste kupac: pitate za cenu, mesto, prostorije, saobraćaj, instalacija, grejanje ...
i tražite nedostatke.

B
Vi ste prodavac: Odgovorite na pitanja i kažite više prednosti stanova.

DRUŠTVENO-KULTURNA BAŠTINA
社会·文化点滴

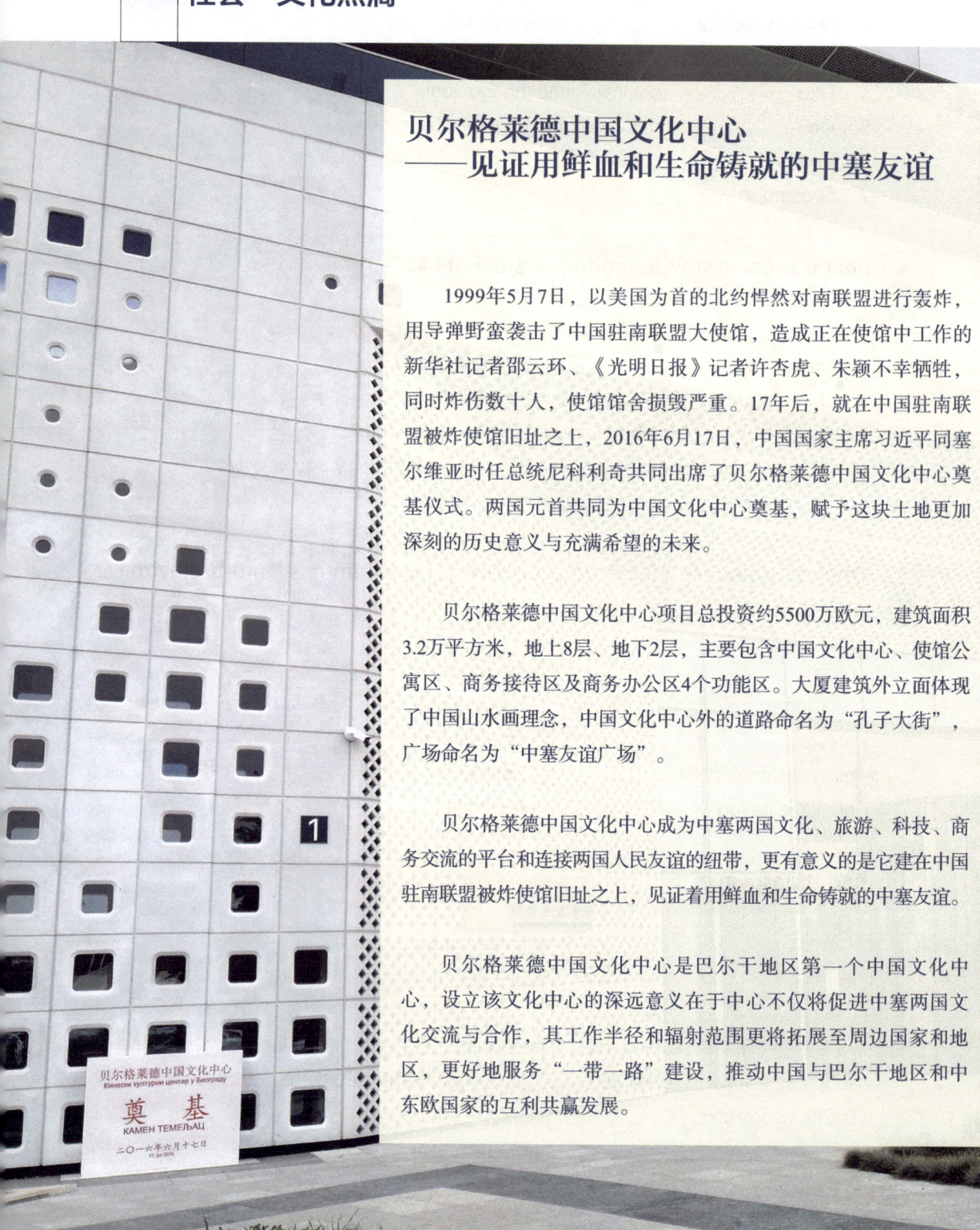

贝尔格莱德中国文化中心
——见证用鲜血和生命铸就的中塞友谊

1999年5月7日,以美国为首的北约悍然对南联盟进行轰炸,用导弹野蛮袭击了中国驻南联盟大使馆,造成正在使馆中工作的新华社记者邵云环、《光明日报》记者许杏虎、朱颖不幸牺牲,同时炸伤数十人,使馆馆舍损毁严重。17年后,就在中国驻南联盟被炸使馆旧址之上,2016年6月17日,中国国家主席习近平同塞尔维亚时任总统尼科利奇共同出席了贝尔格莱德中国文化中心奠基仪式。两国元首共同为中国文化中心奠基,赋予这块土地更加深刻的历史意义与充满希望的未来。

贝尔格莱德中国文化中心项目总投资约5500万欧元,建筑面积3.2万平方米,地上8层、地下2层,主要包含中国文化中心、使馆公寓区、商务接待区及商务办公区4个功能区。大厦建筑外立面体现了中国山水画理念,中国文化中心外的道路命名为"孔子大街",广场命名为"中塞友谊广场"。

贝尔格莱德中国文化中心成为中塞两国文化、旅游、科技、商务交流的平台和连接两国人民友谊的纽带,更有意义的是它建在中国驻南联盟被炸使馆旧址之上,见证着用鲜血和生命铸就的中塞友谊。

贝尔格莱德中国文化中心是巴尔干地区第一个中国文化中心,设立该文化中心的深远意义在于中心不仅将促进中塞两国文化交流与合作,其工作半径和辐射范围更将拓展至周边国家和地区,更好地服务"一带一路"建设,推动中国与巴尔干地区和中东欧国家的互利共赢发展。

12 BRAK I PORODICA
婚姻与家庭

DVANAESTA JEDINICA

第十二单元

TEKST A
课文A

SREĆNA PORODICA

Jedan beogradski časopis svake godine organizuje takmičenje za titulu "super tata". Novinar je posetio jednog od dobitnika ove titule i razgovarao sa njim i sa članovima njegove porodice.

Inženjer Stanko Petrović je već petnaest godina u srećnom braku sa suprugom Marijom. Bračni par ima troje dece: dve kćerke i jednog sina. Stanuju u trosobnom stanu. Novinar je pitao domaćine kako žive.

- Kao što vidite, mi nismo bogati - odgovorio je Stanko. Zaposlen sam samo ja, a supruga ima dosta posla kod kuće. - Tako je - rekla je domaćica - ali nije lako živeti sa jednom platom. Zato je moj nekadašnji hobi, pravljenje igračaka, postao veoma koristan. Deca, Stanko i ja, u slobodno vreme, napravimo razne igračke koje prodaje jedan butik. Tako zarađujemo još novca za kuću, a deca dobijaju džeparac. - Sve radimo zajedno. Dosta radimo, ali nismo robovi ni kuće ni novca. - rekao je domaćin - Vikendom jedan dan provodimo u prirodi. Obično subotom ponesemo sendviče i odemo na izlet. Nedeljom spremamo bolji ručak i tada pozivamo prijatelje. Mogu da kažem da mi porodica, posao i prijatelji najviše znače u životu.

Mnoge ankete o mišljenju o braku su pokazale da najveći broj mladih ima pozitivnih mišljenja o braku. Smatraju da su za brak najvažniji ljubav, poštovanje i razumevanje. Tradicionalne uloge muškarca i žene danas se menjaju. Nekada je muškarac bio "glava porodice". On je zarađivao, a žena je brinula i o deci i o kući. U savremnoj porodici žena nije više samo domaćica zato što je vrlo često zaposlena. Briga o deci i kući postaje zajednička. Mladi odbacuju stara shvatanja o "muškim" i "ženskim" poslovima. Nije više neobično da muškarac očisti kuću usisivačem, da uključi mašinu za pranje veša, da pripremi neki specijalitet. Većina mladih želi brak "za ceo život", ali ne po svaku cenu. Zato su spremni na razvod ako brak ne uspe.

Prema jednoj anketi preko 35% (posto) anketiranih je smatralo da su brak i porodica najvažnije stvari koje ljude čine srećnim.

NOVE REČI I IZRAZI
词汇和表达

časopis *m.*	杂志，期刊	smatrati *-am nesvrš.*	认为
organizovati *organizujem svrš. i nesvrš.*	组织，组成	poštovanje *s.*	敬意
		razumevanje *s.*	理解
super *prid. pril.*	最棒的；最好地	uloga *ž.*	角色；作用
dobitnik *m.*	获奖者，获胜者	zajednički, *-a. -o prid.*	共同的
zaposlen, *-a, -o prid.*	就业的	odbacivati *odbacujem nesvrš.*	抛弃；扔掉
supruga *ž.*	妻子	shvatanje *s.*	见解，观念
plata *ž.*	工资；薪酬	očistiti *-im svrš.*	打扫干净，使清洁
hobi *m.*	业余爱好；嗜好	usisivač *m.*	吸尘器
pravljenje *s.*	制作	pripremiti *-im svrš.*	准备，预备
igračka *ž.*	玩具	specijalitet *m.*	特色菜；特点
zarađivati *zarađujem nesvrš.*	挣钱；赢得	razvod *m.*	离婚；分开
džeparac *m.*	零花钱	posto *pril.*	百分之……
rob *m.*	奴隶	anketiran, *-a, -o prid.*	民意调查的
poneti *ponesem svrš.*	随身携带，捎带	činiti *-im nesvrš.*	使成为；组成
sendvič *m.*	三明治		
pozivati *-am nesvrš.*	邀请；呼吁	bračni par	一对夫妻
anketa *ž.*	民意调查，征求意见	glava porodice	一家之主
mišljenje *s.*	看法，意见	mašina za pranje veša	洗衣机
pozitivan, *pozitivna, -o prid.*	积极的	po svaku cenu	不惜任何代价

NAPOMENE
课文讲解

1 ... takmičenje za titulu "super tata". super是外来词，作为形容词时没有性、数、格的变化，如：super čovek, super majka. Ima super majku ... 它也可以做副词，如：On super govori srpski. 它也可以与其他词一起派生出复合词，如：superlativ（形容词最高级），supersila（超级大国）。

2 ... u srećnom braku sa suprugom Marijom. biti u braku s ... 意思是"与……处在婚姻状态中"。

3 ... ali nije lako živeti sa jednom platom. živeti sa ... 后接工具格，意思是"依靠……条件生活"，不定式词组živeti sa jednom platom在句中作主语，指仅靠一份工资生活是件不容易的事情。

4 Zato je moj nekadašnji hobi, pravljenje igračaka, postao veoma koristan. pravljenje igračaka是hobi的同位语，谓语动词与主语hobi保持一致，hobi是外来词，是阳性单数。

5 Obično subotom ponesemo sendviče i odemo na izlet. 动词poneti和otići作为完成体动词，用在简单句现在时中指动作的重复和习惯性动作，只有在表示这种意思的情况下才可以在简单句现在时中使用完成体动词，通常情况下简单句现在时句中应使用未完成体动词。

6 Zato su spremni na razvod ako brak ne uspe. biti spreman na ... 后接第四格，表示目的，意思是"做好……的准备"。

7 ... najvažnije stvari koje ljude čine srećnim. 词组činiti koga čim，动词činiti后接第四格再接第六格，意思是"使谁变成或成为……"，句中srećnim后面省略了ljudima，意思是"使人们成为幸福的人"。

TEKST B
课文B

BITI ZAJEDNO

Milena Dravić i Dragan Nikolić, najpoznatiji glumački par Srbije, pričaju o svom zajedničkom životu.

Milena: Živimo zajedno više od trideset godina. U Draganu sam našla ono što sam očekivala. Videla sam kakav je čovek, kakav je kolega, kakav je prema roditeljima, prijateljima. I bila sam oduševljena. Mi smo iz istog grada, rođeni smo iste godine. Radimo isti posao i imamo razumevanja jedno za drugo. Naravno, dugo godina smo u braku i bilo je teških momenata, ponekad smo bili u krizama. Ali, to je normalno. Preživeli smo.

	Naš posao je veoma težak i komplikovan. Na naš brak su mnogo uticali novinari i ljudi željni senzacije. Ipak, nas dvoje smo ostali zajedno. Nadam se, do kraja života.
Dragan:	Milena i ja smo uspeli da sačuvamo naš privatni život. I pre našeg prvog susreta, Milena je bila velika filmska zvezda. Ja sam bio na početku karijere. Upoznali smo se na snimanju jednog filma. Očekivao sam da će ona da se ponaša kao zvezda. Ali, ona je bila prirodna i otvorena. Postali smo drugovi. To je bio naš prvi susret. Kasnije, posle godinu dana, sreli smo se ponovo i tu je počeo naš novi odnos.
Milena:	Nas čuvaju naša porodica i naši prijatelji. Vrlo je važno u životu gajiti prijateljstva. Biti prijatelj i imati prijatelje.
Dragan:	Ipak, važno je biti uspešan u svom poslu. Naročito, ako si glumac. Milena prati šta ja radim, i ja pratim šta ona radi. Jedno drugom pomažemo.
Milena:	Dragan ima mnogo hobija. Voli brodove i reku. Mnogo vremena provodi na reci, na jednom splavu.
Dragan:	I često sam više tamo nego u svojoj kući. Znam da možda ne bi trebalo da se ponašam tako. Ali mislim da je i to važno za naš brak: nama nikada nije dosadno. Dosada je opasna bolest braka.
Milena:	Dragan posle svih hobija koje ima tokom dana, ipak najviše voli da ga čekam, da budem kod kuće kada se vrati. Ja, kao i mnoge žene, čekam svog supruga.

NOVE REČI I IZRAZI
词汇和表达

očekivati *očekujem nesvrš.*	预料；期望	**željan,** *željna, -o prid.*	愿意的，渴望的
oduševljen, *-a, -o prid.*	兴奋的，热烈的	**senzacija** *ž.*	奇闻；轰动
moment *m.*	时刻；瞬息间	**ipak** *vezn.*	毕竟，仍然
kriza *ž.*	危机	**sačuvati** *-am svrš.*	保护；保存
preživeti *-im svrš.*	经受过，经历过	**privatan,** *privatna, -o prid.*	私人的，私有的
komplikovan, *-a, -o prid.*	复杂的	**susret** *m.*	相遇；会见

snimanje *s.* 拍摄；录音	**dosada** *ž.*	无聊，厌烦
ponašati se *-am nesvrš.* 行为，举止	**suprug** *m.*	丈夫
sresti *sretnem svrš.* 遇见，碰见		
prijateljstvo *s.* 友谊	**filmska zvezda**	电影明星
dosadno *pril.* 无聊地，厌烦地		

NAPOMENE
课文讲解

1 U Draganu sam našla ono što sam očekivala. ... ono što ... 中性代词ono与关系代词što连用，在复合句中起到连接主句和从句的作用，指"那件事"或"那个东西"。

2 ... imamo razumevanja jedno za drugo. 这句中的jedno za drugo和后面一句Jedno drugom pomažemo. 中的jedno drugom是代词词组jedan drugog的变化形式，jedno za drugo代的是中性名词razumevanje，而jedno drugom是副词，意思是"相互"。这个词组常与表示相互关系的动词连用，意思是"彼此之间……"，它的性、数与需要与所代的词保持一致，变格取决于句中的谓语动词和前置词。

3 Naravno, dugo godina smo u braku i bilo je teških momenata ... 副词dugo后跟godina复数第二格，指"常年"。bilo je teških momenata是无主句ima+genitiv句型的过去时。

4 ... ljudi željni senzacije. 形容词željan后接第二格，意思是"渴望或想得到什么"，željni senzacije形容词组修饰ljudi，意思是"渴望得到奇闻的人们"。

5 ... posle godinu dana ... godinu dana表示时间词组在前置词posle后不变格。

GRAMATIKA
语法知识

1 直接引语与间接引语 Diretan govor i indirektan govor

直接引语：常用动词 reći，kazati，saopštiti（通知，报道）引出直接引语，直接引语部分可以使用两种符号标明，一种是标点符号冒号和引号，另一种是用短横线，如：

On je rekao: "Doći ću sutra pre podne".

- Doći ću sutra pre podne - rekao je on.

间接引语：主句常用动词 reći，kazati，govoriti，objaviti，misliti 等，当直接引语是陈述句时，从句以连词 da 与主句连接；当直接引语是疑问句时，从句以疑问词与主句连接。在直接引语变为间接引语时，两句动词时态须保持一致，如：

Direktan govor	Indirektan govor
陈述句：	
"Ne radim."	Rekao je da ne radi.
"Popićemo kafu."	Kazali su da će popiti kafu.
"Dobila sam posao."	Kazala je da je dobila posao.
Stanko mu je odgovorio: "Ja sam zaposlen."	Stanko mu je odgovorio da je zaposlen.
Stanko mu je odgovorio: "Ja sam bio zaposlen."	Stanko mu je odgovorio da je bio zaposlen.
Stanko mu je odgovorio: "Ja ću biti zaposlen."	Stanko mu je odgovorio da će biti zaposlen.
疑问句：	
- Da li piješ čaj?	Pitao me je da li pijem čaj.
- Šta si popio?	Pitao me je šta sam popio.
- Gde ćete putovati?	Pitao nas je gde ćemo putovati.

2 因果复句连词

表示原因复句的常用连词有：**jer**，**zato što**，**zbog toga što**，**budući da**，**pošto** 和副词 **zato**。除 **jer**，**zato** 外，其他连词连接的从句可以位于主句之后，也可以位于主句之前。如果位于主句之前时，主句与从句之前须用逗号断开，如：

Vesna nije otišla na predavanje **zato što / zbog toga što / budući da / pošto** je bolesna.

Zato što / zbog toga što / budući da / pošto je bolesna, Vesna nije otišla na predavanje.

连词 jer 连接的从句只能位于主句之后，如：

Vesna nije otišla na predavanje **jer** je bolesna.

错句：**Jer** je bolesna, Vesna nije otišla na predavanje.

区别于以上连词都位于从句中，副词 zato 只能用在主句中，如：

Bolesna je, zato Vesna nije otišla na predavanje.

3 连词 **i**，**ni**，**a** 用法

i 用在表示并列关系的肯定句里，意思是"既……也……"，如：

Volim da pijem **i** čaj **i** kafu.

Žena je brinula **i** o deci **i** o kući.

ni 用在表示并列关系的否定句里，意思是"既不……也不……"，如：

Ne volim da pijem **ni** čaj **ni** kafu.

Dosta radimo, ali nismo robovi **ni** kuće **ni** novca.

a 用在表示对立关系的句子里，意思是"但是"或者"而"，如：

Volim da pijem čaj, **a** ne volim da pijem kafu.

On je zarađivao, **a** žena je brinula i o deci i o kući.

4 塞尔维亚语中以元音结尾的外来词大部分属于阳性名词，变格时有的在后缀中出现扩展音 -j，有的不出现而直接在元音后加后缀，以 hobi，radio，metro 为例：

	singular			plural		
	hobi	radio	metro	hobi-j-i	radi-j-i	metro-i
G.	hobi-j-a	radi-j-a	metro-a	hobi-j-a	radi-j-a	metro-a
D.	hobi-j-u	radi-j-u	metro-u	hobi-j-ima	radi-j-ima	metro-ima
A.	hobi	radio	metro	hobi-j-e	radi-j-e	metro-e
V.	hobi	radio	metro	hobi-j-i	radi-j-i	metro-i
I.	hobi-j-em	radi-jem	metro-om	hobi-j-ima	radi-j-ima	metro-ima
L.	hobi-j-u	radi-j-u	metro-u	hobi-j-ima	radi-j-ima	metro-ima

注：metro 变格不出现扩展音，直接加后缀。与 hobi 变格相同的词有 taksi，žiri（评委），kivi（猕猴桃）；与 radio 相同的有 studio（艺术工作室）；与 metro 相同的有 biro（局），sako（西服外套），kupe（列车包厢），intervju（采访）。

VEŽBE
练习

1 Promenite direktni govor u indirektni kao u primeru.

Stanko je rekao: "Mi nismo bogati."　　Stanko je rekao da oni nisu bogati.

1. Rekao je roditeljima: "Idem u školu."
2. Dragana je rekla: "Prošle godine sam izgubila posao."

3. Kažem joj: "Ne brini, naći ćeš nov posao."
4. Šef nam je obećao: "Dobićete nagrade sledeće nedelje."
5. Pozvali su ga: "Dođite sutra na razgovor."
6. Janis moli Marka: "Pomozi mi da napišem CV."
7. Domaćin je rekao: "Dosta radimo, ali nismo robovi ni kuće ni novca."
8. Stanko kaže: "Meni porodica, posao i prijatelji najviše znače u životu."

2 **Promenite direktni govor u indirektni kao u primeru.**

Novinar je pitao domaćine: "Kako živite?"   Novinar je pitao domaćine kako žive.

1. Pitao sam kolegu: "Do koliko sati radiš?"
2. Pitali su me: "Koliko godina ste radili u ovoj fabrici?"
3. Gazda nas je pitao: "Zašto ste zakasnili na posao?"
4. Profesor je pitao Anu: "Gde stanujete?"
5. Pitali su Milana: "Hoćeš li da nam kupiš novine?"
6. Prijatelji su ih pitali: "Da li vam se sviđa novi stan?"
7. Silvija je pitala jednog gospodina: "Kako idem do hotela Moskva?"
8. Mira pita profesora: "Kada ćemo imati ispit?"

3 **Promenite indirektni govor u direktni kao u primeru.**

Milena je rekla da Dragan i ona žive zajedno više od trideset godina.
Milena je rekla: "Dragan i ja živimo zajedno više od trideset godina."

1. Nikola je rekao da bi voleo da Beograd ima metro.
2. Irina je rekla da nije sigurna gde se nalazi autobuska stanica.
3. Rekli su da neće putovati u Kotor ovog leta.
4. Odgovorio je da su mu važni i posao i hobiji.
5. Obećali su mu da će mu pomoći.
6. Profesor pita strane studente koliko dugo uče srpski jezik.
7. Domaćica je pitala goste šta žele piti.
8. Prodavac je pitao Mariju kako će platiti haljinu.
9. Neko ga je pitao zašto se tako ponaša.
10. Otac je pitao decu da li hoće da im pokaže igračku.

4 Upotrebite **zato** i **zato što** kao u primeru.

Zaposlen je samo tata Stanko. Porodica Petrović živi od jedne plate.
Zaposlen je samo tata Stanko, zato porodica Petrović živi od jedne plate.
Porodica Petrović živi od jedne plate zato što je zaposlen samo tata Stanko.

1. Danas ima mnogo zaposlenih žena. Uloge u kući su se promenile.
2. Žena ranije nije bila zaposlena. Provodila je mnogo vremena kod kuće.
3. Deca prave igračke. Mogu da zarade za džeparac.
4. Važno im je da budu zajedno. Svaki slobodan trenutak provode sa decom.
5. Dosada je opasna bolest braka. Nama nikada nije dosadno.
6. Mladi ljudi imaju pozitivno mišljenje o braku. Rado žive u braku.

5 Upotrebite sledeće veznike:

jer, zato što, zbog toga što, budući da, pošto, zato

1. Nisam dobio platu .... nisam radio mesec dana.
2. Umoran je .... dugo je putovao.
3. .... nije ustao na vreme ujutro, zakasnio je na predavanje.
4. Postali smo drugovi .... se ona prirodno i otvoreno ponašala.
5. .... je savremeni stan potpuno opremljen, radije bismo stanovali u njemu.
6. Svaki tip stanovanja ima svoje prednosti ali i nedostatke, ... je svaki izbor kompromis želja i mogućnosti.

6 Ispravite greške kao u primeru.

Uvek je gladna, zato jede jako malo.   Uvek je gladna zato što jede jako malo.

1. Nisam došao na posao, zato sam bio bolestan.
2. Budući što si bio dobar, kupiću ti nešto.
3. Nisam otišla na koncert, jer mi je bilo loše.
4. Zakasnio je na železničku stanicu, zato što nije stigao voz.
5. Pošto je ova ulica samo za pešake, zato što auto ne sme ući.

7 Dopunite rečenice odgovarajući veznicima **i, ni, a.**

1. Na njihov brak su mnogo uticali .... novinari .... čitaoci.
2. U dobrom braku ima .... ljubavi .... poštovanja .... razumevanja.
3. U lošem braku nema .... ljubavi .... poštovanja .... razumevanja.
4. Ranije je muškarac radio i zarađivao, ... žena je brinula o deci i kući.
5. Danas mnoge kućne poslove rade .... žene .... muškarci.
6. Njihov otac radi, ... njihova majka ne radi. Ona je domaćica.
7. Vesna ne voli .... matematiku .... fiziku .... hemiju u školi.
8. Obično subotom odemo negde na izlet, ... nedeljom ostajemo kod kuće.
9. Njihov brak čuvaju .... njihova porodica .... njihovi prijatelji.
10. .... ona .... ja ne govorimo grčki jezik.

8 Stavite reči u zagradama u odgovarajuće oblike.

1. Dragan ima mnogo .... (hobiji)
2. Pored ovog .... (hobi), ipak najviše voli da ga čeka supruga kod kuće.
3. Išli smo na aerodrom .... (taksi)
4. Čuo sam na .... (radio) da će biti lepo vreme sutra.
5. On razgovara sa članovima .... (žiri)
6. Ovaj kolač je sa .... (kivi)
7. Bolje je da idemo .... (metro) jer je gužva u autobusima.
8. Nije htela da odgovori na pitanja u .... (intervju)

9 Završite rečenice sledećim odgovarajućim rečima:

prijateljstvo	bogatstvo	razumevanje
poštovanje	ljubav	uspeh u svom poslu
velika kuća	izlet	dobra plata
čisti vazduh	splav na reci	deca

1. Za ljude koje čini novac srećnim važno je
2. Za ljude koje čini brak srećnim važno je
3. Za ljude koje čini porodica srećnim važno je
4. Za ljude koje čini priroda srećnim važno je

10 Odgovorite na pitanja.

1. Ko radi kućne poslove kod vas?
2. Šta vi radite u kući?
3. Koje su važne stvari koje vas čine srećnim?
4. Šta je važno u braku između Milene i Dragana?
5. Šta je za brak i za porodicu najvažnije po vašem mišljenju?

DOMAĆI ZADATAK
家庭作业

1 Promenite direktni govor u indirektni.

Posle venčanja, dogovaraju se muž i žena:
Žena: Slažeš li se da o važnim stvarima odlučuješ ti, a o manje važnim stvarima odlučujem ja?
Muž: Dobro, ali obećaj da ćeš poštovati dogovor.
Žena: Poštovaću naš dogovor.
Posle dvadeset godina ...
Pita ga prijatelj: Da li je tvoja žena održala dogovor?
Muž: Već dvadeset godina sam u braku i još se nije desila ni jedna važna stvar.

2 Napišite ovaj tekst u direktnom govoru.

Jedan čovek u braku priča prijatelju:
"Moja žena voli da večera u sedam sati. Ja sam gladan tek u devet. Morali smo da napravimo kompromis. Problem smo rešili tako što večeramo u osam. Tako nije dobro ni njoj ni meni. Eto, to se zove dogovor u braku."

Žena: Hajde da večeramo u sedam sati.
Muž:
Žena:
Muž:
Žena:
Muž:

3 Dopunite rečenice odgovarajućim veznicima **i, ni, a**.

1. Volim da čitam .... novine .... časopise.
2. On voli da gleda utakmice, ... ona voli da gleda filmove.
3. Njoj ne odgovara haljina .... crvene boje .... ni plave boje.
4. Peking je bio domaćin .... Letnjih olimpijski igara .... Zimskih olimpijskih igara.
5. Meni se sviđa taj glumac, ... njemu se ne sviđa.

4 Stavite reči u zagradama u odgovarajuće oblike.

biti željan nekoga / nečega

1. Željni smo .... (čisti vazduh i plavo nebo)
2. Sportisti su željni .... (zlatne medalje)
3. Željan je .... (devojka plave kose i plavih oči)
4. Studenti su željni .... (dobri rezultati na ispitima)
5. Željan sam .... (pošteni prijatelji)
6. Ovaj par je željan .... (ljubav i radost) u braku.

5 Rad u parovima

U kući treba raditi sledeće poslove:
spremiti kuću, kuvati večeru, usisivanje, uključiti mašinu za pranje veša, pomerati ormar, popraviti električne aparate, pripremiti neki specijalitet, očistiti pod ...
Razgovarajte:
- koje poslove ćete vi uraditi
- koji poslovi su "muški" koji "ženski"
- šta ne volite raditi u kući

6 Odgovorite na pitanja.

1. Šta je važno za uspeh Mileninog i Draganovog braka?
2. Šta je bilo posle prvog susreta Milene i Dragana?
3. Koja je to opasna bolest braka po Draganu?
4. Kakav je savremeni brak u Kini?
5. Šta mladi misle o braku u Kini?

DRUŠTVENO-KULTURNA BAŠTINA
社会·文化点滴

塞尔维亚人的习俗

塞尔维亚民族以热情好客、豪爽、喜欢交友而闻名。他们在社交场合衣着整齐得体，与客人相见时，要与被介绍过的客人一一握手，并报出自己的姓名。亲朋好友之间相见时，无论男女习惯施拥抱礼并相互亲吻脸颊三下，顺序为右、左和右，据说亲吻三下代表着生命、死亡和荣耀。他们在正式场合见面的称谓与问候比较讲究，要在姓氏前冠以先生/夫人/小姐和头衔等尊称，只有在家人之间、亲密朋友之间才直呼其名。

在塞尔维亚拜访或做客，一般要事先约定。正式或商务拜访相互递交名片；到家里拜访，一般习惯送实物礼品或鲜花。塞尔维亚人喜欢送花，常送的花有玫瑰、郁金香、石竹、紫罗兰和百合花。重要节日习惯相互送礼物，礼品一般为酒类、鲜花及巧克力和糖果。递交礼品时，要当面拆掉包装纸，展示并介绍礼品内容。在郊外或乡下有房子的塞尔维亚人，喜欢邀请亲朋好友在节假日一起到那里休闲活动。这期间一定要举行烧烤宴请，主人盛情邀请客人品尝自家酿造的烈性果酒或葡萄酒，在民乐的伴奏下相互祝酒、畅饮。

塞尔维亚人喜欢以各种名义办聚会，除了生日、乔迁、升迁、上学外，大学生们甚至通过一门考试也要搞个派对（žurka）庆祝一下。当地平时会举办各式音乐节、啤酒节、烤肉节等等，其中最有特色是古查（Guča）铜号节。

由于特殊的地理位置，塞尔维亚历史上难免有战乱的纷扰和战争带来的伤害以及各种文化的相互碰撞，但塞尔维亚人热情好客、乐观开朗和喜欢自嘲的性格却一直未改。

13 ZDRAVA ISHRANA

TRINAESTA JEDINICA

健康的饮食

第十三单元

TEKST A
课文A

PRAVILNA ISHRANA

Pravilna ishrana je osnovni faktor optimalnog rasta i razvoja čovečijeg organizma i direktno utiče na njegovu radnu sposobnost i dužinu života. Nažalost, današnju ishranu karakterišu nepravilni i nedovoljno izbalansirani obroci. U njima ima previše masnoća, mesa, hleba a malo mlečnih proizvoda, voća i povrća. Nepravilna ishrana je često uzrok mnogih bolesti. Jednolična ishrana nije zdrava, kao ni vrlo slatka, slana i suviše začinjena jela. Telu čoveka treba obezbediti ono što mu treba, kada mu treba i u potrebnoj količini. Nije dobro kada se jede više nego što treba i kada je hrana previše vruća ili hladna. Jedno od osnovnih pravila zdrave ishrane je raznolikost. Organizmu su potrebni raznovrsni sastojci: belančevine, ugljeni hidrati, masti, minerali, vitamini i zdrava čista voda. Pravilna ishrana je preduslov zdravog života.

Treba voditi računa i o bojama hrane. Smatra se da je najbolja "šarena" trpeza na kojoj su razne boje: crvena, zelena, žuta, bela. Pravilo je da ima više obeda u toku dana. Osnovni su: doručak, ručak i večera. Za decu, stare i bolesne važno je da imaju užina. Veliki broj anketa ukazuje na to da deca ne doručkuju, ili ne doručkuju dovoljno već im je prvi obed oko 9:30 do 10:00 časova. Ovakav način uzimanja hrane ima niz negativnih posledica po rast dece. Gladna deca su najčešće nervozna, manje koncentrisana na času i slabije pamte. Stara izreka kaže: "Ko preskače samo jedan obed, preskače zdravlje". Pravilnom ishranom mogu se sprečiti i izlečiti mnoge bolesti.

Kada shvatite koliko je pravilna ishrana važna, shvatićete i koliko je bitna uloga i hidratacije. Baš kao i za hranu, isto toliko je važno i unositi pravu količinu vode, direktno ili indirektno. Postoje bezbrojne dobre strane unošenja vode u organizam. Voda je osnovni gradivni sastojak svih nas. Iako voda ne sadrži kalorije i hranjive materije, ona je neophodna za život. Možemo nedeljama preživeti bez hrane, ali bez vode znatno kraće.

NOVE REČI I IZRAZI
词汇和表达

pravilan, -a, -o *prid.*	正确的，合乎规则的	vitamin *m.*	维生素
ishrana *ž.*	饮食	preduslov *m.*	先决条件；前提
faktor *m.*	因素	šaren, -a, -o *prid.*	多种花色的，五颜六色的
optimalan *optimalna, -o prid.*	最好的，最有利的	obed *m.*	日餐
		užina *ž.*	加餐
rast *m.*	生长	ukazati *ukažem svrš.*	展示；指出
organizam *m.*	机体；生物体	niz *m.*	一系列
direktno *pril.*	直接地	koncentrisan, -a, -o *prid.*	注意力集中的
karakterisati *karakterišem svrš. i nesvrš.*	表示……特点	pamtiti *-im nesvrš.*	记住，记得
		izreka *ž.*	格言，名言
izbalansiran *-a, -o prid.*	平衡的	preskakati *preskačem svrš.*	跳过，越过
obrok *m.*	一顿饭	sprečiti *-im svrš.*	阻止
masnoća *ž.*	脂肪	izlečiti *-im svrš.*	治愈
uzrok *m.*	原因	bitan, *bitna, -o prid.*	重要的，实质的
jedoničan, *jednolična, -o prid.*	千篇一律的，单一的	shvatiti *-im svrš.*	理解，懂得
		hidratacija *ž.*	水合作用
sladak *slatka, -o prid.*	甜的，甜蜜的	indirektno *pril.*	间接地
slan, -a, -o *prid.*	咸的	bezbrojan, *bezbrojna, -o prid.*	无数的
začinjen *-a, -o prid.*	加调料的	gradivan, *gradivna, -o prid.*	构成的
kao *vezn.*	以及；像……一样	sadržati *sadržim svrš. i nesvrš.*	包含，具有
suviše *pril.*	过于，多余	kalorija *ž.*	卡路里，热量
telo *s.*	身体；机构		
obezbediti *-im svrš.*	保证，保障	radna sposobnost	工作能力
količina *ž.*	数量	dužina života	寿命
raznolikost *ž.*	多样性	mlečni proizvod	奶制品
sastojak *m.*	成分	ugljeni hidrat	碳水化合物
belančevina *ž.*	蛋白质	negativna posledica	消极后果
mast *ž.*	油脂；膏	hranjiva materija	营养物质
mineral *m.*	矿物		

NAPOMENE
课文讲解

1 ... današnju ishranu karakterišu nepravilni i nedovoljno izbalansirani obroci. obrok的复数obroci指一日三餐。... obroci词组是句中语法主语，današnju ishranu是由谓语动词karakterisati要求的第四格宾语，它在句中充当逻辑主语，意思是"现在饮食特点是一日三餐不规律和不够均衡"。

2 Nepravilna ishrana je često uzrok mnogih bolesti. uzrok后接第二格，指"……的原因"。

3 Jednolična ishrana nije zdrava, kao ni vrlo slatka ... 连词kao ni连用，用在表示并列关系的否定句里，而kao i用在肯定句里，意思是"以及……"。

4 Treba voditi računa i o bojama hrane. 词组voditi računa o ... 接第七格，指"考虑到（顾及）……"。

5 Veliki broj anketa ukazuje na to ... 动词ukazati na ... 接第四格，意思是"表现在……"或"展示在……"。

6 ... ima niz negativnih posledica po rast dece. niz后接第二格，指"一系列……"，前置词po后接第四格，指"对于……"。

7 Kada shvatite koliko je pravilna ishrana važna, shvatićete i koliko je bitna uloga i hidratacije. 副词koliko ..., koliko ... 连用表示程度，意思是"多么……，多么……"，hidratacije是第二格修饰uloga。

8 Voda je osnovni gradivni sastojak svih nas. svih nas是svi mi第二格，指"我们所有人"，修饰的是sastojak。

TEKST B
课文B

ZDRAVA HRANA

Ana i Marko se večeras dogovaraju kuda da idu na večeru.

Ana: Kuda ćemo danas na večeru?
Marko: U Mekdonalds, naravno, na dupli hamburger.
Ana: Ne dolazi u obzir! Dosta mi je jela na brzinu. Danas te vodim u jedan lep, specijalni restoran.
Marko: Znam. Hoćeš da me vodiš na povrće. Žao mi je, ali za mene večera bez mesa nije večera.
Ana: Ne brini, ne vodim te u vegetarijanski restoran. Tamo možeš dobiti sve vrste mesa osim svinjskog. I najsvežije povrće. Divan ambijent, fina i tiha muzika, dobra usluga, pravo mesto da se dobro jede i razgovara.
Marko: Dobro, ubedila si me, idemo tamo.

Rezervisanje mesta u restoranu telefonom. A je osoba koja je zadužena za rezervacije i prima telefonski poziv u restoranu.

A: Restoran "VIVA", izvolite?
Ana: Dobar dan. Želim da rezervišem sto.
A: Za kad? Za koliko osoba?
Ana: Večeras u sedam sati. Za dve osobe.
A: Samo momenat. Evo ga, imamo jedan slobodan sto za dve osobe. Možete doći.
Ana: Odlično.
A: Za koga je rezervacija?
Ana: Za Anu Milić.

U restoranu.

Konobar: Dobro veče. Izvolite. Ovo je vaš sto.
Ana: Dobro veče. Molim vas jelovnik.
Konobar: Naravno. Izvolite. Šta želite da popijete?
Ana: Za mene mineralnu vodu.

Marko: Za mene jednu šljivovicu.
Konobar: Može.
Marko: Zašto se ovaj restoran zove VIVA - zdrava hrana?
Ana: Ovde se pripremaju jela i za ljude sa zdravstvenim problemima, za dijabetičare, srčane bolesnike, za gojazne.
Marko: Vidi, salata od celera i kelja!
Ana: Da, ovde ima dosta jela i salata od povrća i žitarica koje su vrlo zdrave i korisne.
Marko: Šta ima od slatkiša?
Ana: To će ti se svideti. Slatkiši u ovom restoranu nemaju mnogo šećera i masnoće, a to znači da ne goje.
Marko: Znaš, ovaj restoran mi se sve više sviđa. Hajde da naručimo jela.

NOVE REČI I IZRAZI
词汇和表达

brzina ž.	速度	gojazan *gojazna, -o* prid.	肥胖的
specijalan, *specijalna, -o* prid.	特别的，专门的	celer m.	芹菜
		kelj m.	甘蓝
vegetarijanski, *-a, -o* prid.	素食的，吃素的	žitarice ž. mn.	谷物
ambijent m.	环境	gojiti *-im* nesvrš.	使发胖；培育
tih, *-a, -o* prid.	安静的，幽静的	naručiti *-im* nesvrš.	点菜；订购
usluga ž.	服务，效劳		
ubediti *-im* svrš.	说服，使信服	dupli hamburger	双层汉堡
rezervacija ž.	预订	ne dolaziti u obzir	不予考虑
konobar m.	餐厅服务员	jelo na brzinu	快餐
jelovnik m.	菜单	svinjsko meso	猪肉
šljivovica ž.	李子酒	biti zadužen za ...	负责……
zdravstven, *-a, -o* prid.	健康的，卫生的	srčana bolest	心脏病
dijabetičar m.	糖尿病患者		

NAPOMENE
课文讲解

1 Dosta mi je jela na brzinu. 这里dosta是感叹词，意思是"足够了，烦透了"，后接第二格，mi是人称代词ja第三格在句中充当逻辑主语，意思是"我厌烦快餐了"。

2 Hoćeš da me vodiš na povrće. voditi na ... 接第四格表示目的，意思是"你想带我去吃蔬菜"。

3 ... koja je zadužena za rezervacije ... biti zadužen za ... 接第四格，意思是"负责……，职责是……"。

4 Slatkiši ... a to znači da ne goje. 谓语动词goje的主语是slatkiši，意思是"甜食不使人发胖"。

GRAMATIKA
语法知识

1 动词+se的无人称句

当不知道动作的执行者是谁，谓语动词后面又没有作为补充成分的第四格时使用这种句型。构成：谓语动词第三人称单数中性加上反身代词se。

意义：当动作执行者是泛指的、集体性的，往往是指人们习惯于做什么事情，或者在科技和文学评论性文章中为了表达客观性时也常用这种句型。及物动词和不及物动词都可使用这种无人称式句型，但通常用的更多的是不及物动词。

现在时例句：

①Nije dobro kada **se jede** više nego što treba. 相当于Nije dobro kada **ljudi jedu** više nego što treba.

②**Smatra se** da je najbolja "šarena" trpeza ... = **Ljudi smatraju** da ...

③... pravo mesto da **se** dobro **jede** i **razgovara**. = ... pravo mesto da **ljudi** dobro **jedu** i **razgovaraju**.

过去时例句：

①U staroj kući **se jelo**, **sedelo** i **pričalo**. = U staroj kući **ljudi su jeli, sedeli** i **pričali**.

②Na Božić **se išlo** u crkvu. = Na Božić **ljudi su išli** u crkvu.

③ Kazalo se da ... = Ljudi su kazali da ...

2 Trebati / biti potreban句型中名词类词或词组第三格充当逻辑主语

在这种句型中谓语动词变化与第三格的逻辑主语无关，而取决于语法主语。这两种句型意思相同，Šta ti treba? = Šta ti je potrebno? 句中ti是人称代词ti第三格tebi省略形式，句子的意思是"你需要什么？"，如课文中出现的例句：

①Telu čoveka treba obezbediti ono što mu treba, kada mu treba i u potrebnoj količini. telu是telo第三格，在句中为逻辑主语，意思是"人体需要……"，ono što mu treba和kada mu treba中的mu代的是telo，都是指telo（需要……）。

②Organizmu su potrebni raznovrsni sastojci ... organizmu是organizam第三格，在句中为逻辑主语，意思是organizam（需要……）。

以人称代词ja和mi第三格句型变化为例：

Treba mi stan. = Potreban mi je stan.   Trebaju mi stanovi. = Potrebni su mi stanovi.
Treba nam stan. = Potreban nam je stan.   Trebaju nam stanovi. = Potrebni su nam stanovi.

3 塞尔维亚姓和名的变格

课文中Za Anu Milić前置词za后接第四格，名字Ana变为第四格Anu，姓Milić不变格。塞尔维亚语中塞尔维亚女性姓名变格时只变名不变姓，而男性姓和名都变格，如：

Ana Milić	Stanko Milić
za An**u** Milić	za Stank**a** Milić**a**
od An**e** Milić	od Stank**a** Milić**a**
sa An**om** Milić	sa Stank**om** Milić**em**
o An**i** Milić	o Stank**u** Milić**u**

VEŽBE
练习

1 Izostavite subjekat i izmenite sve što je potrebno kao u primeru.

Ljudi jedu i piju previše vruće i hladno.
Jede se i pije previše vruće i hladno.

1. Često jedemo više nego što je potrebno.
2. Ljudi slave mnogo.

3. U VIVI pripremaju jela za ljude sa zdravstvenim problemima.
4. Ljudi uvek očekuju puno.
5. Studenti mnogo uče pre ispita.
6. Ljudi ne govore na sastanku.
7. Ljudi trče svuda po ulicama.
8. U Srbiji ljudi voze brzo.

2 **Stavite rečenice u perfekat kao u primeru.**

Piše se ćirilicom.
Pisalo se ćirilicom.

1. Često se priča o tome.
2. Mnogo se radi u fabrikama.
3. Brzo se gradi u ovom gradu.
4. Ne piše se mnogo o ovom umetniku.
5. Dugo se razmišlja o pitanjima.
6. Malo se zarađuje pravljanjem igračaka.
7. Za praznike se kupuje mnogo.
8. U Srbiji se puno puši.

3 **Stavite glagole u zagradi u odgovarajuće oblike.**

(kazati) da ko malo jede, duže živi.
Kaže se da ko malo jede, duže živi.

1. U novije vreme (govoriti) mnogo o vegetarijanskoj ishrani.
2. Danas sve više (verovati) u Feng Šui pravila.
3. (smatrati) da pravilnom ishranom možemo sprečiti bolesti.
4. U VIVI restoranu (misliti) i na bolesne ljude.
5. Ne (gojiti) uzimanjem žitarica i salata.
6. Sve više (voditi računa) o raznovrsnoj hrani.
7. Ne (moći) živeti bez vode.
8. Na Olimpijskim igrama (takmičiti) u raznim disciplinama.

4 Stavite lične zamenice u odgovarajuće oblike.

.... je potreban odmor. Jako sam umoran.
Meni je potreban odmor. Jako sam umoran.

1. .... je potrebno vreme. Ona je uvek zauzeta.
2. .... je potreban auto. On želi da putuje.
3. .... je potrebna kuća u selu. Želimo tamo da živimo.
4. .... je potreban mir. Ti si nervozna.
5. .... je potrebna vežba. Vi ne znate dobro ovu lekciju.
6. .... su potrebne patike. Oni hoće da igraju tenis.
7. .... su potrebni mir i tišina. Živimo u bučnom gradu.
8. .... su potrebna kola. Treba da vozim gosta na aerodrom.

5 Stavite reči u zagradama u odgovarajuće oblike.

.... (gradska deca) je potreban zoološki vrt.
Gradskoj deci je potreban zoološki vrt.

1. .... (tvoj muž) je potreban mir.
2. .... (dobri studenti) su potrebni dobri profesori.
3. .... (kineski restoran) su potrebni konobari koji govore i srpski i kineski.
4. .... (mladi bračni par) je potreban novi stan.
5. .... (tvoj prijatelj) nije potrebna moja pomoć.
6. .... (đaci u školama) nisu potrebni mobilni telefoni.

6 Radite kao u primeru.

ja - olovke
Trebaju mi olovke.
Trebale su mi olovke.
Trebaće mi olovka.

1. on - kompjuter
2. oni - televizor
3. deca - lopte
4. ona - nove cipele
5. radnici - godišnji odmor
6. Marija - oni

7 Stavite reči u zagradama u odgovarajuće oblike.

Ova rezervacija je za .... (Ana Milić), nije za .... (Milan Milić)
Ova rezervacija je za Anu Milić, nije za Milana Milića

1. Pismo je od .... (Jasmina Cvetić), nije od .... (Goran Cvetić)
2. Poklon je kupljen .... (Jovan Aleksić) nije .... (Jovana Aleksić)
3. Sto je rezervisan za .... (Zorana Janković), nije za .... (Zoran Janković)
4. Putovao je sa .... (Saša Marković), nije sa .... (Jelena Marković)
5. Pričala je o .... (Desanka Maksimović) nije o .... (Ivo Andrić)

8 Dopunite rečenice sledećim pridevima kao u primeru.

slan, -a, -o   kiseo, kisela, -o   sladak, slatka, -o   gorak, gorka, -o
ljut, -a, -o   svež, -a, -e   začinjen, -a, -o

Limun je .... Ovi limuni su ....
Limun je kiseo. Ovi limuni su kiseli.

1. Šećer je .... Ovi slatkiši su ....
2. Salata je .... Ove salate su ....
3. Lek je .... Ovi lekovi su ....
4. Paprika je .... Ove paprike su ....
5. Mineralna voda je .... Ove mineralne vode su ....
6. Kinesko jelo obično je .... Kineska jela obično su ....
7. Vegetarijansko jelo obično nije .... Vegetarijanska jela obično nisu ....

9 Odgovorite na pitanja.

1. Kako pravilna ishrana utiče na čoveka?
2. Kakva je današnja ishrana?
3. Šta je potrebno organizmu?
4. Koliko obeda treba da imamo dnevno?
5. Šta je pravilna ishrana po vašem mišljenju?

DOMAĆI ZADATAK
家庭作业

1 Radite kao u primeru.

Na Uskrs se ide u crkvu.
Na Uskrs ljudi idu u crkvu.

1. Često se priča o koronavirusu.
2. Za Dan državnosti se slavi širom zemlje.
3. Mnogo se piše o sportu.
4. Pred ispit se uči puno.
5. Ne smatra se da je on super filmska zvezda.

2 Stavite glagol **trebati** ili konstrukciju **biti potreban** u odgovarajući oblik.

Bračnom paru .... novi stan.   Deci je .... igračka.
Bračnom paru treba novi stan.   Deci je potrebna igračka.

1. Molim vas, ... mi vaš pasoš.
2. Restoranu Orion je .... konobarica.
3. .... mu nove cipele.
4. Da li vam .... pare.
5. Kineskim jelima su .... mnogi začini.
6. .... nam nova kola.
7. Takmičarima su .... utakmice.
8. Dijabetičaru je .... pravilna ishrana.

3 Stavite rečenice u odgovarajuće oblike.

Restoran VIVA vodi računa o .... (bolesni ljudi)
Restoran VIVA vodi računa o bolesnim ljudima.

1. Treba da vodimo računa o .... (naše zdravlje)
2. Ponekad ne vodimo računa o .... (pravilna ishrana)
3. Lekari vode računa o .... (srčani bolesnici)
4. Ljudi često ne vode računa o .... (raznolikost hrane)
5. Roditelji treba da vode računa o .... (potrebe dece)

6. Gojazni ljudi moraju voditi računa o .... (potrebna količina obroka)

4 Stavite reči u zagradama u odgovarajuće oblike.

Ta osoba u restoranu je zadužena za .... (rezervacije)
Ta osoba u restoranu je zadužena za rezervacije.

1. Lekari su zaduženi za .... (zdravstveni problemi)
2. Ona je zadužena za .... (izbalansirani obroci)
3. U školi učitelji su zaduženi za .... (školski đaci)
4. Direktor je zadužen za .... (proizvodnje fabrike)
5. Ko je zadužen za ....? (ovi poslovi)

5 Dopunite tekst sledećim rečima:

meze, šljivovica, kafa, jelo, slatkiši, nedelja, mladi

.... je rezervisana za porodični ručak zato što su tada slobodni. Obično .... dolaze kod starijih. Pre ručka se služi ...., za odrasle i .... To je kombinacija sira, kajmaka, pršuta, kobasice, salata i hleba. Onda dolazi glavno .... Tokom ručka se pije pivo, vino, mineralna voda i sokovi. Posle ručka se služe .... i pije se ....

6 Rad u parovima

1. Razgovarajte o vašoj ishrani.
2. Objasnite šta znači "šarena" trpeza.
3. Šta mislite o hrani na brzinu?
4. O čemu najviše vodite računa u ishrani?
5. Znate li neke kineske izreke o ishrani?

DRUŠTVENO-KULTURNA BAŠTINA
社会·文化点滴

塞尔维亚人饮食习惯

塞尔维亚地处欧洲东南部，是巴尔干半岛中部的内陆国，其经纬度跨度小，气候类型单一。受此影响，塞尔维亚的农作物种类也比较少。塞尔维亚人的主食以小麦、黑麦、土豆为主，蔬菜则以西红柿、黄瓜、洋葱、卷心菜和柿子椒最为常见。因为塞尔维亚具有年光照和降雨量方面的优势，其水果产量很高，除直接食用外，还用来加工果酱、果酒等。

受欧洲传统影响，塞尔维亚的畜牧业和肉类加工也非常发达。他们日常肉类以牛肉为主，兼以鸡肉、猪肉和羊肉。与很多欧美国家一样，塞尔维亚并没有食用动物内脏的习惯。烹饪用油以葵花籽油为主，拌沙拉和做鱼时常用橄榄油，而不用中国人常用的麻油、豆油、花生油以及动物油等。在制作方面，不像中餐那样喜放各种佐料，加工形式以烤、煮和煎炸为主，风味追求保持原味。值得一提的是，塞尔维亚饮食文化中非常注重汤。在主餐前，他们习惯食用由细面条和鸡肉或牛肉煮制的汤，清汤称为 supa，浓汤称为 čorba。塞尔维亚人对冷食、凉菜很有偏好，在他们的餐桌上，沙拉、凉菜等冷食出现的频率很高。汤前的前餐一般都是凉菜，例如由各种熟肉和奶酪做成的拼盘，主餐为热菜加上面包拌着蔬菜沙拉，餐后是甜点和咖啡。塞尔维亚人口味偏咸，没有面包和肉不成餐。在饮料方面，塞尔维亚人平时喜欢喝土耳其式浓咖啡，很少喝茶（只有生病时才喝茶）。至于酒精饮料，塞尔维亚人钟爱葡萄酒、白兰地和啤酒等欧洲传统饮品。塞尔维亚的果酒是其一大特色。

14 ODEVANJE
穿着

ČETRNAESTA JEDINICA

第十四单元

TEKST A
课文A

ODEĆA

U XVII veku Francuskom je vladao Luj XIV. Ovaj vladar je poznat po gradnji raskošnih građevina i po sjaju dvorskog života i mode. Njegov dvor u Versaju bio je sastajalište mnogobrojnih gostiju, Francuza i stranaca. U takvoj sredini odevanje je imalo veliki značaj.

Strani diplomati su donosili iz Pariza svojim suprugama lutke kao modni uzorak. One su do detalja bile obučene kao dame iz Pariza. Imale su i frizure po najnovijoj modi. Prvi modni časopisi opisivali su modele rečima. Tek 1778. godine izašao je prvi list "Galerija mode" sa crtežima i objašnjenjima o krojenju i šivenju. Danas ima mnogo časopisa o ženskoj i muškoj modi.

Način odevanja menja se prema vremenu u kome živimo. Muškarci su nekada nosili visoke potpetice i dokolenice. Danas je takva muška odeća smešna. Živimo u vremenu kada je moda postala raznovrsna i slobodna. Sve može biti moderno: dugo i kratko, usko i široko, jednobojno i šareno, klasično i savremeno. Neki se oblače u tradicionalnom stilu, a drugi su pristalice lake i udobne sportske odeće. Međutim, ipak suknje zauzimaju glavno mesto u odevanju žene. U lepoj suknji i bluzi žena je dobro odevena za svaku priliku. Naravno, tu su i modni detalji: perle, minđuše, marame. Posao utiče na mušku modu. Sako je važan deo muške odeće. Pantalone su obično jednobojne jer se lako kombinuje sa sakoima i košuljama. Naravno, i u muškoj modi važni su detalji: kravate, maramice u malom džepu sakoa, kaiševi ...

Odeća je često prilagođena prilikama; za specijalne ceremonije oblači se skupocena odeća. Mnogi poslovi zahtevaju uniforme po kojima ih drugi prepoznaju. Ima naravno i onih koji odećom žele da privuku pažnju drugih ljudi.

NOVE REČI I IZRAZI
词汇和表达

odevanje *s.*	穿着
vladati *-am nesvrš.*	统治；掌握；充满
raskošan *raskošna, -o prid.*	奢侈的；丰盛的
sjaj *m.*	豪华；光亮
sastajalište *s.*	会合地方，会面地
sredina *ž.*	环境；中间
diplomat(a) *m.*	外交官
lutka *ž.*	裁缝用的人体模型；玩具娃娃
uzorak *m.*	样品，样本
detalj *m.*	细节
dama *ž.*	女士；夫人
frizura *ž.*	发型
opisivati *opisujem svrš.*	描述；描绘
crtež *m.*	图画，图形
objašnjenje *s.*	说明，解释
krojenje *s.*	裁剪
šivenje *s.*	缝纫
potpetica *ž.*	鞋后跟
dokolenica *ž.*	长筒袜子
smešan, *smešna, -o prid.*	可笑的，滑稽的
raznovrstan *raznovrsna, -o prid.*	各种类型的，各种各样的
pristalica *ž.*	拥护者
udoban, *udobna, -o prid.*	舒适的；适宜的
prilika *ž.*	场合，机会
perla *ž.*	珍珠
minđuša *ž.*	耳环
kravata *ž.*	领带
džep *m.*	口袋
kaiš *m.*	皮带
ceremonija *ž.*	仪式，典礼
skupocen, *-a, -o prid.*	昂贵的
zahtevati *-am nesvrš.*	要求；希望
uniforma *ž.*	制服；礼服
prepoznati *-am svrš.*	认出；重新认识
galerija mode	时尚画廊
biti prilagođen prilikama	适应各种场合
privući pažnju	吸引关注

NAPOMENE
课文讲解

1 U XVII veku Francuskom je vladao Luj XIV. vladati是不及物动词，后面不能接第四格，而只能接第六格，如：vladati Francuskom。

2 ... bio je sastajalište mnogobrojnih gostiju ... gostiju是阳性名词gost的复数第二格，属于特殊变化。

3 One su do detalja bile obučene ... 前置词do后接第二格，表示某种程度，do detalja意思是"甚至注意到细节"。

4 Neki se oblače u tradicionalnom stilu, a drugi su pristalice lake i udobne sportske odeće. u ... stilu是第七格，指穿着属于什么样式的风格。pristalice后接第二格，意思是"……的拥护者"。

5 ... jer se lako kombinuje sa sakoima i košuljama. kombinovati s(a) ... 后接第六格，意思是"与……相搭配"。

6 Odeća je često prilagođena prilikama. biti prilagođen后接第三格，意思是"……与……相适应，相适合"。

7 Mnogi poslovi zahtevaju uniforme po kojima ih drugi prepoznaju. prepoznati后接第四格，前置词po后接第七格，prepoznati ... po ... 词组的意思是"根据……辨认出……"。

TEKST B
课文B

ŠTA LJUDI NOSE

Jovanka Broz je supruga Josipa Broza Tita, nekadašnjeg predsednika Jugoslavije. Bila je prva dama Jugoslavije više od pedeset godina. Jovanka Broz je često privlačila pažnju javnosti svojim načinom odevanja. Bila je simbol elegancije, stila i lepote. Uvek je nosila elegantne haljine ili kostime i bila je veoma ženstvena. Ona je uvek izgledala kao filmska zvezda. U posebnim situacijama nosila je nakit i haljine sa ukrasima. Veoma često je nosila šešire, rukavice i naočare. Kad je živela mirnim i povučenim životom, bila je elegantna i dostojanstvena.

Najskuplja haljina napravljena je 1977. godine. Bila je duga do poda i ukrašena sa 516 dijamanata. Kreator je prikazao ovu večernju toaletu na modnoj reviji u otmenom pariskom hotelu "Ric". Pošto kreator nigde nije mogao da nađe dovoljno skupocene cipele, manekenka je bila - bosa. Kreator se, međutim, pojavio u džinsu i patikama.

Evo jedne slike koja pokazuje kako sada izgledaju ljudi u običnom životu. Vreme je lepo i sunčano, ali, nije jako toplo. Ljudi su nasmejani u prirodi. Neki ljudi nose jakne, neki džempere, a neki samo košulje. Devojke s dugom i tamnom kosom stoje i razgovaraju, a momci kratke i crne kose sede i pričaju. Jedna devojka nosi na sebi haljinu s kratkim rukavima, s jaknom u jednoj ruci. Druga devojka nosi košulju, s torbom u jednoj ruci. Jedan momak je u trenerci sa kapuljačom, a drugi momak je u žutoj majici s dugim rukavima i u farmericama. Samo jedan momak s naočarama za sunce je u sandalama. Drugi su u patikama i cipelama. Niko ne nosi čizme. Gotovo svi su u ležernoj odeći i obući.

🎧 NOVE REČI I IZRAZI
词汇和表达

nekadašnji, -a, -o *prid.*	从前的，过去的	dostojanstven -a, -o *prid.*	令人尊敬的；庄重的
predsednik *m.*	总统，主席	ukrašen, -a, -o *prid.*	装饰的，美化的
Jugoslavija *ž.*	南斯拉夫	dijamant *m.*	钻石，宝石
elegancija *ž.*	优雅，雅致	kreator *m.*	设计师，发明者
stil *m.*	风格；文体	otmen, -a, -o *prid.*	显贵的；优雅的
lepota *ž.*	美丽	manekenka *ž.*	女时装模特
ženstven, -a, -o *prid.*	女人气质的；温柔的	bos, -a, -o *prid.*	光脚的
šešir *m.*	礼帽，帽子	džins *m.*	牛仔服
rukavica *ž.*	手套	nasmejan, -a, -o *prid.*	微笑的
naočare *ž. mn.*	眼镜		

jakna *ž.*	女士外套；夹克	u posebnim situacijama	在特殊情况下
rukav *m.*	衣袖	povučeni život	隐居生活
farmerice *ž. mn.*	牛仔裤	večernja toaleta	晚礼服
sandala *ž.*	凉鞋	modna revija	时装展示，时装表演
		trenerka sa kapuljačom	带帽子运动服
privlačiti pažnju javnosti	引起公众注目	naočare za sunce	太阳镜，墨镜

NAPOMENE
课文讲解

1 Jovanka Broz je supruga Josipa Broza Tita, nekadašnjeg predsednika Jugoslavije. Josip Broz Tito和nekadašnji predsednik都用第二格修饰supruga。

2 Jovanka Broz je često privlačila pažnju javnosti svojim načinom odevanja. privlačiti pažnju后接第六格，意思是"以……方式吸引公众注目"。

3 Veoma često je nosila šešire, rukavice i naočare. 眼镜只有复数形式，这个词可以是naočare阴性复数，也可以是naočari（既是阴性复数也是阳性复数），如：momak s naočarama，momak s naočarima都可以。

4 Kad je živela mirnim i povučenim životom … živeti后接第六格，意思是"以……方式或手段生活"。

5 牛仔裤这个词可以是farmerke，也可以是farmerice，只有复数形式，如：momak u farmerkama, momak u farmericama。

GRAMATIKA
语法知识

1 形容词

定义：表示人、事物和现象性质、状态、特征或属性，与名词连用，并与其性、数、格一致，通常作定语和表语使用。除比较级和最高级形式外（形容词比较级和最高级都是确定式形式），还有非确定式和确定式形式。

构成：简单、派生和复合形容词
简单形容词：jak，crn，brz，nov，lep
在名词后加相应后缀派生出形容词：Marko→Markov，danas→današnji，moda→modni
复合形容词：bez+brojan→bezbrojan，razno+vrstan→raznovrstan，razno+bojan→raznobojan
分类：按照词义分为性质、物主、物质、地点和时间形容词。
①性质形容词：说明名词所表示概念的特点，如：
mlad (čovek), lepa (devojka), visoko (drvo), crven, beo, običan, sladak, topao, nov, velik, hrabar ...
②物主形容词：表示名词所表示概念的所属关系，如：
人名和一些有生命名词加后缀-ov，-ev和-in派生：Marko→Markov，Miloš→Milošev，Ana→Anin，brat→bratov，sestra→sestrin
名词加后缀-ski，-čki，-ški派生：škola→školski，Beograd→beogradski，Nemačka→nemački
③物质形容词：表示构成的物质和材料，如：
加后缀-an，-en派生：zlato→zlatan，zemlja→zemljan，drvo→drven，svila→svilen
④地点形容词：表示名词所表概念的位置，如：
表示地点副词加后缀-nji派生：ovde→ovdašnji，gore→gornji，tamo→tamošnji
⑤时间形容词：表示名词所表概念的时间，如：
表示时间副词加后缀-nji派生：danas→današnji，juče→jučerašnji，nekada→nekadašnji

用法：作定语和谓语成分中的表语
①在名词前做定语，如：
gradski park, crvena haljina, veliko selo, leva ruka ...
②与助动词jesam，biti连用，作表语，如：
Marko je visok. Ana je lepa. Selo je daleko.

形容词的非确定式和确定式：

性质和物质形容词具有非确定式和确定式两种形式，非确定式以辅音结尾，如：nov, crn, mlad ...；确定式以元音-i结尾，如：novi, crni, mladi ...

后缀以-i结尾形容词只有确定式，如：današnji, školski, modni, domaći, narodni ...

后缀以-ov, -ev, -in结尾的物主形容词只有非确定式，如：Markov, Milošev, Anin ...

非确定式表示不确定名词概念的特征，而确定式表示已提到过的或者已确定名词概念特征，如：Dodaj mi **plav** džemper. plav是非确定式，意思是"给我任何一件蓝色毛衣就可以"；Dodaj mi **plavi** džemper. plavi是确定式，意思是"给我那件之前提到过的或已确定的蓝色毛衣"。

非确定式和确定式的区别仅表现在阳性单数第一格（或者第四格，当它修饰无生命名词时形式与第一格相同）。

形容词有名词类型变格和形容词类型变格两种形式，非确定式为名词类型变格，确定式为形容词类型变格，在实际使用中通常使用形容词类型变格。

变格以非确定式dobar和确定式dobri为例：

阳性变格

	jednina		množina	
	非确定式	确定式	非确定式	确定式
N	dobar	dobr-i	dobr-i	
G	dobr-a	dobr-og(a)	dobr-ih	
D	dobr-u	dobr-om(e)	dobr-im(a)	
A	=N/G		dobr-e	
V	dobr-i		dobr-i	
I	dobr-im		dobr-im(a)	
L	dobr-u	dobr-om	dobr-im(a)	

注：=N/G，当形容词后面跟无生命名词时，形式同第一格（N）；当形容词后面跟有生命名词时变格同第二格（G）。

中性变格

	jednina		množina	
	非确定式	确定式	非确定式	确定式
N	dobr-o	dobr-o	dobr-a	
G	dobr-a	dobr-og(a)	dobr-ih	
D	dobr-u	dobr-om(e)	dobr-im(a)	
A	dobr-o		dobr-a	
V	dobr-o		dobr-a	
I	dobr-im		dobr-im(a)	
L	dobr-u	dobr-om	dobr-im(a)	

阴性变格

	jednina		množina	
	非确定式	确定式	非确定式	确定式
N	dobr-a		dobr-e	
G	dobr-e		dobr-ih	
D	dobr-oj		dobr-im(a)	
A	dobr-u		dobr-e	
V	dobr-a		dobr-e	
I	dobr-om		dobr-im(a)	
L	dobr-oj		dobr-im(a)	

2 只有复数形式名词，如：

阳性：Karlovci（地名），rezanci（面条）

阴性：naočare (naočari)，novine，pantalone，farmerice，grudi

中性：vrata，kola，usta，leđa

这类名词大部分为表示人体器官或者某种至少有两个以上部分组成的物品，主要为阴性和中性名词复数，在使用中动词和形容词也须用复数形式，与其保持性和数的一致。

3 当后面的名词或词组修饰前面的名词或词组，表示特征时，可以用不带前置词第二格、前置词s加工具格和前置词u加第七格这三种形式，使用时须注意它们之间的词义区别。如：

momci kratke i crne kose=momci s kratkom i crnom kosom不带前置词第二格和带前置词第六格两种形式都可以，而且意思相同。

devojka s jaknom u jednoj ruci就不能用不带前置词第二格devojka jakne u jednoj ruci来表示。

devojka s jaknom与devojka u jakni意思不同，前者指拿着短外衣的女孩；后者指穿着短外衣的女孩。

momak s naočarima不能用momak u naočarima来表达，… u后跟第七格，指"穿着……"，也不能用不带前置词第二格momak naočara来表达。

VEŽBE
练习

1 Stavite prideve u zagradama u odgovarajuće oblike.

1. Neki ljudi su pristalice .... (lak i sportski) odeće.
2. U .... (lep) suknji je žena dobro odevena.
3. Za .... (specijalan) ceremonije oblači se skupocena odeća.
4. U .... (poseban) situacijama nosila je nakit.
5. Pariz je bio poznat po sjaju .... (dvorski) života i mode.
6. Neki se oblače u .... (tradicionalan) stilu.
7. Neki su u .... (ležeran) odeći i obući.
8. Brine se o .... (neophodan) stvari.
9. Jedna devojka nosi haljinu s .... (kratak) rukavima.
10. Dvor je sastajalište .... (strani) gostiju.

2 Izvedite prideve od sledećih imenica kao u primeru.

more→morski   Marko→Markov

reka→   sever→
danas→   večeras→
Amerika→   Češka→
zid→   dvor→
ovde→   tamo→
drvo→   zemlja→
kuća→   slava→
grad→   žena→
Sava→   Đorđe→
Vesna→   tata→

3 Napišite odgovarajući pridev kao u primeru.

drvo drvena stolica

brat .... igračka   sestra .... pero
Miloš .... farmerke   Zora .... kolač
jug .... vrata   istok .... more

zlato .... nakit   svila .... put
nekada .... novine   juče .... žalost

4. Dopunite rečenice odgovarajućim formama prideva.

1. Vrata su .... (otvoren)
2. Novine su .... (pročitan)
3. Rezanci su .... (dug)
4. Kola su .... (nov)
5. Grudi su .... (jak)
6. Naočari su .... (crn)
7. Patike su .... (udoban)
8. Usta su .... (zatvoren)

5. Popunite praznine odgovarajućom formom ponuđenih sintagmi u lokativu ili u instrumentalu.

Momak je .... (crne cipele)   Devojka .... (tamna kosa) nosi haljinu.
Momak je u crnim cipelama.   Devojka s tamnom kosom nosi haljinu.

1. Devojka .... (crna torba u ruci) nosi suknju.
2. Čovek .... (zelena majica) ima plavu kosu.
3. Momak .... (naočari za sunce) nosi sandale.
4. Devojčica .... (šarena haljina) ima dugu kosu.
5. Dečko .... (braon čizme) nosi farmerice.
6. Devojka .... (kaput u rukama) je .... (sive pantalone)
7. U specijalnim situacijama je nosila haljinu .... (lepi ukrasi)
8. Momak nosi belu majicu .... (kratki rukavi)

6. Napišite antonime sledećih prideva.

dobar ↔ loš

dug ↔   širok ↔
visok ↔   bučan ↔
klasičan ↔   jednobojan ↔
strani ↔   skupocen ↔
raskošan ↔   sjajan ↔

7 Radite kao u primeru.

odeća, biti prilagođen, prilike
Odeća je prilagođena prilikama.

1. haljina, biti prilagođen, godine
2. naočari, biti prilagođen, svoj stil
3. kravata, biti prilagođen, sako
4. farmarice, biti prilagođen, razne prilike
5. Večernja toaleta, biti prilagođen, specijalne situacije
6. Cipele, biti prilagođen, način života
7. Njegovo ponašanje, biti prilagođen, ova sredina
8. Njena odeća, biti prilagođen, svoje telo

8 Stavite reči u zagradama u odgovarajuće oblike kao u primeru.

Ona privlači pažnju .... (javnost, svoj način odevanja)
Ona privlači pažnju javnosti svojim načinom odevanja.

1. On privlači pažnju .... (drugi ljudi, skupocena odeća)
2. Manekenke privlače pažnju .... (strani gosti, modna revija)
3. Momak privlači pažnju .... (devojke, svoja frizura)
4. Marija privlači pažnju .... (svoja drugarica, zlatan nakit)
5. Peking privlači pažnju .... (ceo svet, ceremonija otvaranja Olimpijade)

9 Dopunite tekst sledećim glagolima:

biti, prikazati, kreirati, obući, ukrasiti

Kreator je .... haljinu koju je .... dijamantima. Nju je ....
na modnoj reviji u hotelu "Ric". Manekenka je .... skupocenu haljinu ali ne
i cipele i na modnoj reviji .... bosa.

10 Odgovorite na pitanja.

1. Koji grad je bio centar mode u XVII veku i zašto?
2. Kakva je moda u vremenu u kome živimo?

3. Kako je bila odevena Jovanka Broz?
4. Šta nose ljudi u običnom životu?
5. Koji stil odevanja volite i zašto?

DOMAĆI ZADATAK
家庭作业

1 **Radite kao u primeru.**

Džemper je plav.
Taj plavi džemper je lep.

1. Sako je jednobojan.
2. Kaiš je smeđ.
3. Dvor je sjajan.
4. Uzorak je moderan.
5. Sat je zlatan.

2 **Izvedite prideve na -ov, -ev, -in od imena i povežite sa sledećim imenicama kao u primeru:**

kompjuter, olovka, odelo, automobili, kuće, pisma

Marko: To je Markov kompjuter, Markova olovka, Markovo odelo.
To su Markovi automobili, Markove kuće, Markovo pisma.

Milivoj:

Tanja:

Saša:

Milica:

3 Izvedite prideve od sledećih reči i razvrstajte ih prema nastavku:

Milena, Dragan, Beograd, dete, život,
tamo, danas, vreme, porodica, telefon
praznik, deda, sport, muzika, film,
Srbija, Nemačka, Japan, matematika, riba,
zemlja, sunce, čovek, Nikola, muž,
Đorđe, autobus, vuna, sto, jutro

- ov	-ev	- in	- ski	- čki	- ni	- ji

4 Napišite odgovarajuće oblike reči u zagradi kao u primeru.

.... (odeća) treba prilagoditi .... (godine)
Odeću treba prilagoditi godinama.

1. .... (kravata) treba prilagoditi .... (svoje odelo)
2. .... (večernja haljina) treba prilagoditi .... (specijalne situacije)
3. .... (svoje ponašanje) treba prilagoditi .... (nova sredina)
4. .... (današnji život) treba prilagoditi .... (novo vreme)
5. .... (nove pantalone) treba prilagoditi .... (svoje telo)
6. .... (modni kreator) treba prilagoditi .... (najnoviji stil odevanja)

1. Treba da vodimo računa o .... (naše zdravlje)
2. Ponekad ne vodimo računa o .... (pravilna ishrana)
3. Lekari vode računa o .... (srčani bolesnici)
4. Ljudi često ne vode računa o .... (raznolikost hrane)
5. Roditelji treba da vode računa o .... (potrebe dece)
6. Gojazni ljudi moraju voditi računa o .... (potrebna količina obroka)

5 Rad u parovima.

1. Razgovarajte sa partnerom o odeći.
2. Kako odeću prilagođavate načinu života?.
3. Koji stil odevanja najviše volite?

4. Imate li svoj stil u odevanju?
5. Oblačite li se uvek isto, ili poželite ponekad da izgledate drugačije? Kad i u kojim situacijama?

DRUŠTVENO-KULTURNA BAŠTINA
社会·文化点滴

塞尔维亚传统服饰

保存至今的大部分塞尔维亚民族服装来自19世纪末、20世纪初,每个地区的服装都有自己的特色,不仅展示出服装主人来自哪个地区,而且还能看出他是哪个民族,甚至可以判断出这个人是哪个村的。现代,只有在逢年过节或某种庆典场合,才能看到人们穿着民族服饰。

塞尔维亚传统服饰大致分为迪纳拉山区类、沿海地区类、中部巴尔干类和潘诺尼亚地区类。它们各具特色,也有共同特点:男士服饰为长裤与衬衣,外穿背心、短上衣、长斗篷,还有又宽又长的华丽腰带,足穿鞋尖翘起来的软皮皮鞋(opanci);女士为鲜艳的绣花衬衫、围裙、腰带、绣花背心(jelek)、短上衣、连衣裙、小圆帽等。女士服装上往往装饰着各种美丽图案、流苏、小钱币。

软皮皮鞋原是塞尔维亚传统的农民自制的软皮鞋,但是现在受到众多游客的喜爱,逐渐变成了一种时尚品,去掉翘起来的头部,就成了最近几年很流行的"豆豆鞋",谁能料到塞尔维亚的农民早已在几百年前就走在时代的前沿,他们穿的鞋也在国际上引领了一阵时尚潮流呢。

绣花背心是最受欢迎的塞尔维亚民间服装之一,短而紧,通常是用毛绒、布料等材料制成,金线刺绣,并在上面添加各种装饰品,这些装饰品使它们看起来绚丽夺目。

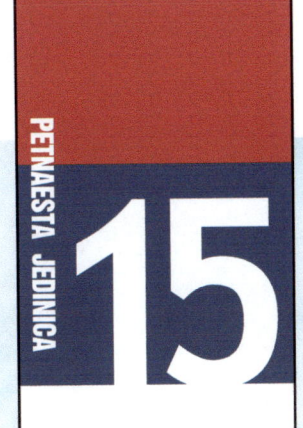

15 ZDRAVLJE I REKREACIJA

PETNAESTA JEDINICA

身体健康与休闲运动

第十五单元

TEKST A
课文A

BIOLOŠKI ČASOVNIK

Svako ima svoj unutrašnji časovnik, ali taj sat kod svakog otkucava malo drugačije. Stručnjaci savetuju da čovek treba da obraća pažnju na svoj unutrašnji časovnik jer će tako živeti zdravije. Evo nekoliko saveta.

Spavanje u skladu sa svojim unutrašnjim časovnikom. Ležanje tek kad je čovek zaista umoran. Ako je počeo da drema, neka se ne trudi da ostane budan pred televizorom. Tako remeti svoj san. Ako se ujutro probudi pre vremena, neka se ne nervira. Probudio ga je njegov sopstveni unutrašnji časovnik. Neka ne pokušava da popodnevni umor savlada kafom ili čajem. Organizmu je potrebno da se odmori i ako je moguće čovek treba da leži. Posle 10-15 minuta, probudiće se odmoran i spreman za rad. Treba da jede uvek u određeno vreme. I vreme za učenje treba prilagoditi unutrašnjem časovniku. Svakog dana, tokom cele jedne nedelje, neka zapisuje vreme kada je uspešno učio i prema tome rasporedi svoje obaveze.

Svaki živi organizmi imaju potrebu za odmorom i snom. To ne znači da kad čovek kaže laku noć, sve stane u složenom organizmu. Naprotiv, vitalni organi nastavljaju svoje funkcije, samo usporenim ritmom, a imunološki sistem se regeneriše kako bi posle sna bio što spremniji za borbu protiv virusa i bakterija.

Noćni san svakog čoveka podeljen je u cikluse. Obično svaki ciklus traje od sat i po do dva. Ciklusi teku ovako: Kad zatvori oči, opušta se i zaspi. To je prva faza - usporen san. Posle 10 do 15 minuta smenjuje ga duboki san. Mozak se tada isključuje i odmara i to traje oko sat i po. Zatim dolazi treća faza - brzi san koji traje 10 do 15 minuta. U tom kratkom periodu i sanja. Posle toga se budi na nekoliko minuta i ciklus kreće iz početka. Psiholozi tvrde da čovek može da se ispava za dva takva ciklusa, to znači za samo četiri sata.

NOVE REČI I IZRAZI
词汇和表达

časovnik *m.*	钟，表	funkcija *ž.*	功能；职能
otkucavati *-am nesvrš.*	敲，打	regenerisati *regenerišem svrš. i nesvrš.*	使再生，使复原
stručnjak *m.*	专家		
savetovati *savetujem svrš i nesvrš.*	建议，劝告	virus *m.*	病菌
		bakterija *ž.*	细菌
dremati *-am nesvrš.*	打盹	podeljen, *-a, -o prid.*	被分为
budan, *budna, -o prid.*	苏醒的	ciklus *m.*	循环；周期
pred *predl.*	在……前面	teći *tečem nesvrš.*	进行；流淌
remetiti *-im nesvrš.*	扰乱，打乱	zaspati *zaspim svrš.*	入睡
san *m.*	睡眠；梦	faza *ž.*	阶段
probuditi *-im svrš.*	唤醒，叫醒	smenjivati *smenjujem nesvrš.*	替换，代替
nervirati se *-am nesvrš.*	焦躁，坐立不安	mozak *m.*	大脑，头脑
pokušavati *-am nesvrš.*	尝试	sanjati *-am nesvrš.*	做梦
savladati *-am svrš.*	克服；掌握	psiholog *m.*	心理学家
ležati *ležim nesvrš.*	躺下	tvrditi *-im nesvrš.*	肯定，确定
određen, *-a, -o prid.*	确定的	ispavati se *-am svrš.*	睡够，睡足
zapisivati *zapisujem nesvrš.*	记录		
rasporediti *-im nesvrš.*	安排；分配	obraćati pažnju na ...	关注……
složen, *-a, -o prid.*	复杂的，复合的	u skladu sa ...	与……相符
naprotiv *pril.*	相反	usporeni ritam	放慢的节奏
vitalan, *vitalna, -o prid.*	富有活力的，精力充沛的	imunološki sistem	免疫系统

NAPOMENE
课文讲解

1 ... čovek treba da obraća pažnju na svoj unutrašnji časovnik ... obraćati (obratiti) pažnju na ... 后接第四格，指"把注意力转到……"。

2 Spavanje u skladu sa svojim unutrašnjim časovnikom. u skladu s(a) ... 后接工具格，意思是"与……相符合或者相一致"。

3 ... neka se ne trudi da ostane budan pred televizorom. neka+动词第三人称现在时是动词命令式第三人称的一种形式。前置词pred后接第六格，表示位置，指"位于……面前"。

4 Ako se ujutro probudi pre vremena ... probudi se主语是čovek，指他自己醒过来，Probudio ga je njegov sopstveni unutrašnji časovnik. 这句中主语是časovnik，ga代的是čovek，指钟把他唤醒。动词probuditi后面接第四格，意思是"叫醒……"，probuditi加se指"苏醒，自己醒过来"。

5 Posle 10-15 minuta, probudiće se odmoran i spreman za rad. odmoran和spreman是形容词，修饰的是省略主语čovek。

6 Svaki živi organizmi imaju potrebu za odmorom i snom. potreba za ... 后接工具格，表示目的，意思是"有……的需求或需要……"。

7 ... za borbu protiv virusa i bakterija. borba protiv ... 后接第二格，意思是"为抗击或抵御……而进行的斗争"。

8 Noćni san svakog čoveka podeljen je u cikluse. biti podeljen u ... 后接第四格，意思是"被划分为……"。

TEKST B
课文B

REKREACIJA I SAVREMENI SVET

Novi uslovi života u savremenom svetu i automatizacija svih poslova u kojima učestvuje čovek, utiču na smanjenje fizičkih aktivnosti u toku rada, ali i u čovekovom slobodnom vremenu. Nepovoljni uslovi života i rada, kao što su žurba, gužva i buka, zatim zagađenje životne sredine i nepravilana ishrana, ugrožavaju zdravlje i radnu sposobnost čoveka. Problemi koji nastaju su: stres, napetost, gojaznost, umor i slabljenje čitavog organizma.

   Zato je za modernog čoveka veoma važno da odabere neku vrstu rekreacije, koja će mu pomoći da ostane zdrav i psihički i fizički. Danas u svetu postoje različiti oblici rekreacije. Ljudi se bave trčanjem, pešačenjem i planinarenjem, plivanjem, aerobikom, ili odlaze u teretane da vežbaju, a veoma popularni oblici rekreacije u čitavom svetu jesu tenis, stoni tenis i badminton. Kad je napolju hladno i kišovito, ljudi često svoje slobodno vreme provode u igranju karata ili šaha. Svaka fizička aktivnost pomaže očuvanju zdravlja, povećanju otpornosti organizma, održavanju normalne telesne težine i, ono što je najvažnije, zbližava ljude.

    Veoma je zdravo kada se čovek bavi nekim sportom. Nema ništa bolje od vežbanja. To je korisno za čovekovo telo, za um i za lepše spavanje. Ipak, nije lako trenirati. Često čovek ima upalu mišića i sve ga boli. A može i da se povredi. Trener daje uputstvo, govori čoveku šta sme i ne sme da radi, ali se nezgode dešavaju. Može da padne, slomi ruku ili nogu, udari glavu. Međutim, nije isto sa svim sportovima. Kad se bavi šahom, na primer, onda nema problema sa povredama. A kada se bavi sportom gde se mnogo trči, skače ili bori, onda može doći do ozbiljnih povreda. Ali to su slatke muke.

NOVE REČI I IZRAZI
词汇和表达

automatizacija ž.	自动化	**aerobik** m.	健美操
učestvovati *učestvujem* svrš. i nesvrš.	参加，加入	**teretana** ž.	健身房
		vežbati -am nesvrš.	练习，训练
smanjenje m.	减少，减小	**badminton** m.	羽毛球
žurba ž.	慌忙，仓促	**napolju** pril.	在外面
zagađenje s.	污染	**povećanje** s.	增加
ugrožavati -am nesvrš.	威胁	**otpornost** ž.	抵抗力
napetost ž.	紧张；压力	**zbližavati** -am nesvrš.	使亲近，使靠近
slabljenje s.	削弱，减弱	**um** m.	智力；心里
odabrati *odaberem* svrš.	挑选，选出	**trenirati** -am nesvrš.	训练，练习
psihički pril.	心理的	**upala** ž.	发炎
oblik m.	形式；形状	**mišić** m.	肌肉
pešačenje s.	步行	**povrediti se** -im svrš.	受伤
planinarenje s.	登山	**upustvo** s.	指南，说明书
plivanje s.	游泳	**nezgoda** ž.	倒霉事，不顺心事

slomiti *-im svrš.*	折断	muka *ž.* 痛苦；折磨
udariti *-im svrš.*	撞，敲打	fizička aktivnost 身体活动
skakati *skačem nesvrš.*	跳跃，蹦跳	normalna telesna težina 正常体重

NAPOMENE
课文讲解

1 ... u kojima učestvuje čovek ... učestvovati u ... 接第七格，指"参加或参与到……中"。

2 ... jesu tenis, stoni tenis i badminton. jesu是助动词jesam第三人称复数的完全形式，起强调作用。

3 ... ono što je najvažnije, zbližava ljude. ono što je najvažnije意思指 Svaka fizička aktivnost zbližava ljude是最重要的。

4 ... onda može doći do ozbiljnih povreda. 在无主句中doći do ... 后接第二格，意思是"导致或出现……"。

GRAMATIKA
语法知识

1 动名词

定义：由动词派生出来的名词。

构成：大部分以未完成体动词构成，在被动形动词后加后缀-e，由于大部分被动形动词以-n结尾，所以出现长尾后缀-je，如：gledati→gledan+je→gledanje，igrati→igran+je→igranje，smanjiti→smanjen+je→smanjenje。以未完成体动词构成的动名词，词义是表示动作过程的名词；如果动名词由完成体动词构成，词义指某个抽象动作或某个动作具体过程的结果，如：obećati→obećanje，stvoriti→stvorenje。由于动词派生出来的动名词都是以-e结尾，所以属于中性名词。

用法：用法如同名词，可在句中作主语、宾语、表语和定语。

2 动词命令式第三人称用法

动词命令式只有我们、你和你们三种人称形式，如：动词spavati: spavajmo, spavaj, spavajte。当需对第三人称表示命令语气时，使用语气词neka+动词现在时第三人称单数或复数形式，如：neka (on) spava或者neka (oni) spavaju，意思是"让他睡觉吧，让他们睡觉吧"。

3 未完成体动词和完成体动词的派生

①未完成体动词派生完成体动词：

a. 在未完成体动词前加前缀，如：čitati: pro+čitati, učiti: na+učiti, prati: o+prati, 这类词加不同前缀也会出现基本词义的改变，如：

trčati: pre+trčati→pretrčati 跑过　　　　pisati: do+pisati→dopisati 补写

trčati: do+trčati→dotrčati 跑到　　　　pisati: na+pisati→napisati 写完

trčati: iz+trčati→istrčati 跑出来，跳出来　　pisati: za+pisati→zapisati 写下来，记录下来

trčati: po+trčati→potrčati 跑去，跑一阵　　pisati: pre+pisati→prepisati 抄写下来

b. 词根发生变化，如：skretati→skrenuti, kretati→krenuti, skidati→skinuti, 这类词派生后基本词义不变。

②完成体动词派生未完成体动词：

dogovoriti→dogovarati　　　　pasti→padati

kupiti→kupovati　　　　　　　sesti→sedeti

dobiti→dobijati　　　　　　　 uneti→unositi

desiti se→dešavati se　　　　　proći→prolaziti

VEŽBE
练习

1 Koristite glagolske imenice kao u primeru.

Volim da plivam.
Volim plivanje.

1. Hoću da trčim.
2. Volim da pešačim.
3. Volim da planinarim.
4. Želim da očuvam zdravlje.

5. Hoću da igram šah.
6. Želim da povećam otpornost organizma.
7. Želim da održavam normalnu telesnu težinu.
8. Volim da slušam klasičnu muziku.
9. Ne želimo da zagadimo životnu sredinu.
10. On vam savetuje da obraćate pažnju na ishranu.

2 Koristite imperativ za treće lice kao u primeru.

Treba da spavaju na vreme.
Neka spavaju na vreme.

1. Treba da leži kad je umoran.
2. Treba da se oni trude.
3. Treba da oni ostanu kod kuće.
4. Hoće da idu na odmor.
5. Hoće da jedu u određeno vreme.
6. Treba da se ne nervira.
7. Treba da vreme za učenje prilagodi biološkom časovniku.
8. Treba da obraćaju pažnju na svoje zdravlje.

3 Stavite reči u zagradama u odgovarajuće oblike kao u primeru.

Ako je zaista umoran, (ležati) odmah.
Ako je zaista umoran, neka leži odmah.

1. Ako se ujutro probudi pre vremena. (ustati) polako.
2. Važno je da se uredno hrani. (jesti) uvek u određeno vreme.
3. Ne treba da idu u krevet zato što je kasno. (poći) tek kad su zaista umorni.
4. Vreme za učenje treba da prilogodi časovniku. (zapisati) vreme kada može učiti najbolje.
5. Kad su umorni posle podne, (ne piti) kafu.
6. Ako nisu stigli na vreme, (ne nervirati se).

4 Stavite imperfektivne glagole u perfektivne dodavanjem prefiksa.

čuvati→očuvati   seći→iseći

čistiti→   služiti→
kuvati→   gasiti→
graditi→   hraniti→
gubiti→   lečiti→
živeti→   pržiti→

5 Stavite perfektivne glagole u imperfektivne.

početi→počinjati   poći→polaziti

dobiti→   doći→
nagraditi→   naći→
staviti→   preći→
isključiti→   doneti→
prodati→   uzeti→

6 Dopunite tekst odgovarajućim oblicima sledećih glagola:

dremati, spavati, ispavati se, zaspati, prespavati

On malo gleda televiziju, a malo .... jer je umoran i ne želi da .... televizijski program. Oko 11 sati odlazi u krevet ali dugo ne može da .... Vrlo loše ...., budi se često. Ustaje rano i oseća se umornim jer nije uspeo da ....

7 Popunite rečenice odgovarajućim glagolskim vidom. Vodite računa o glagolskom vremenu.

On .... (jesti / pojesti) celu tortu juče.
On je pojeo celu tortu juče.

1. Ne govorite dok .... (piti / popiti)
2. Ti treba da .... (pisati / zapisati) njegov broj telefona.
3. Moji prijatelji često .... (putovati / doputovati) prošle godine.
4. Da li mogu da .... (pisati / prepisati) raspored časova od tebe.

5. Umoran je jer .... (trčati / pretrčati) 1000 metara.
6. Juče .... (desiti se / dešavati se) neka nezgoda na ulici.
7. Ljudi često .... (otići / odlaziti) u teretanu da vežbaju.
8. Dok sam .... (proći / prolaziti) pored pozorišta, video sam je.
9. Mislio je da je krajnje vreme da joj on .... (pisati / napisati) pismo.
10. Večeras slavim rođendan. Obavezno .... (ići / doći) i ti.

8 Koji su oblici fizičkih rekreacija, a koji nisu iz sledećih reči:

trčanje, kuvanje, pešačenje, planinarenje, spavanje, plivanje, vežbanje u teretani, aerobik, dremanje, tenis, učenje, badminton, skijanje, čitanje, košarka, gledanje filma, žurba

Oblici fizičkih rekreacija su:

Nisu oblici fizičkih rekreacija:

9 Odgovorite.

Psiholozi savetuju: Unesite promene u svoj život!
Od detinjstva nas uče da je u životu dobro imati siguran posao, isplanirano vreme, stalne navike, iste prijatelje, svoju omiljenu kafanu ili restoran, godišnji odmor uvek u istom mestu. Naviknuti na sve to nije loše, ali su potrebne promene. Ponekad niste zadovoljni sobom i životom koji vodite. Učinite zato, s vremena na vreme, nešto novo - idite na posao ili u školu drugim putem, izaberite novi hobi, krenite na godišnji odmor bez plana - i život će vam biti zanimljiviji!

（detinjstvo儿童时期，isplanirano计划好的，naviknuti习惯，zanimljiv有意思的）

1. Zaokružite šta savetuju psiholozi.
    a) godišnji odmori u istom mestu
    b) stalne navike
    c) novi hobi
    d) godišnji odmor bez plana
    e) isplanirano vreme

2. Na šta čovek navikne u životu?
   Čovek navikne na (svoj posao)   svoj posao.
   (svoji prijatelji)   ....
   (ista kafana)   ....
   (ista ulica)   ....
3. Čime čovek treba da bude zadovoljan?
   Treba da bude zadovoljan (svoj grad)   svojim gradom.
   (prijatelji)   ....
   (vreme) za rad   ....
   (mesto) za odmor   ....
   (svoja kuća)   ....

10 Odgovorite na pitanja.

1. Šta znači da svaki čovek ima svoj unutrašnji časovnik?
2. Kako raspoređujete vreme za svoje obaveze?
3. Šta radite kada osećate umor?
4. Zašto je važno da se čovek bavi nekom rekreacijom?
5. Kojim rekreacijama se bavite vi?

DOMAĆI ZADATAK
家庭作业

1 Napišite glagolske imenice od sledećih glagola.

organizovati→   osećati→
pevati→   skakati→
gledati→   grejati→
iznajmljivati→   kupati→
farbati→   kucati→

2 Stavite glagole u zagradi u imperativ kao u primeru.

(čuvati) svoje zdravlje! / vi
Čuvajte svoje zdravlje!

1. (odmoriti se) 10-15 minuta! / ti
2. (spavati) u skladu sa unutrašnjim časovnikom! / vi
3. (ne nervirati se) ako se probudimo rano ujutro! / mi
4. (jesti) uvek u određeno vreme! / on
5. (ležati) kad su umorni! / oni
6. (truditi se) da ostanemo budni! / mi
7. (pogledati) šta je ovo! / vi
8. (ući) u učionicu! / ti

3 Upišite vidski parnjak kao u primeru.

zatvarati→zatvoriti   piti→popiti

dočekati→........................   ....→napuštati
........................→napraviti   nastati→........................
lečiti→........................   menjati→........................
........................→iznositi   ....→ispitivati
koristiti→........................   ući→........................

4 Povežite dve kolone.

Nema više kolača   mogu da se lako napijem.
Hvala, ne mogu više ništa   neko je sve pojeo.
Ne pijem šljivovicu jer   nikad ne pijem kafu uveče.
Sviđa mi se ovo jelo   najeo sam se.
Ako si umorna   nikad do sada ga nisam jeo.
Već je kasno   hajde da popijemo kafu.

5 Sledeće rečenice obeležite ✓ (tačno) i ✗ (netačno) prema tekstu.

1. Svaki čovek može da se ispava za samo četiri sata. ☐
2. Sanjamo u fazi dubokog sna. ☐
3. Kod svih ljudi unutrašnji časovnik otkucava isto. ☐
4. Treba da idemo na spavanje tek kada smo zaista umorni. ☐

5. Popodnevni umor treba savladati kafom ili čajem. ☐
6. Zbog automatizacije svih poslova ljudi ne moraju da se bave nekom rekreacijom. ☐
7. Ljudi ne smeju da se bave sportom jer može doći do povrede. ☐
8. Neka rekreacija će pomoći čoveku da ostane zdrav i fizički i psihički. ☐

6 Rad u parovima.

A:
Ne znate da organizujete svoje vreme.
Nemate dovoljno vremena za učenje, spavanje.
Tražite savet od partnera.

B:
Vi dajete savete šta treba da radi.

Napišite nekoliko svojih dobrih i loših navika.
Dobre navike su:

Loše navike su:

DRUŠTVENO-KULTURNA BAŠTINA
社会·文化点滴

塞尔维亚——崇尚体育的民族

塞尔维亚人流传着这样一种说法："给塞尔维亚人一个球，他们就会夺个冠军"。

毫无疑问，足球是塞尔维亚的第一运动。贝尔格莱德拥有两大德比俱乐部，红星俱乐部（Crvena zvezda）和游击队俱乐部（Partizan）。红星俱乐部曾在1991年获欧冠冠军和洲际杯冠军，在欧洲五大联赛中常有几十名这两家俱乐部培养的球员效力。塞尔维亚篮球、排球、水球等运动也处于世界领先水平，实力不容小觑。

网球世界头号男单诺瓦克·焦科维奇（Novak Đoković国内常错误地翻译为德约科维奇）是塞尔维亚国家和民族的骄傲。截至目前，已赢得其中包括了21座大满贯冠军、38座大师赛冠军和5座年终总决赛冠军。同样女子网坛也有20世纪90年代获得过8个大满贯的传奇球员莫妮卡·塞莱斯（Monika Seleš）以及曾排名世界第一并获2008年法网冠军的网坛美女安娜·伊万诺维奇（Ana Ivanović）。

之所以取得如此傲人成绩，成功的奥秘不仅在于塞尔维亚人天生身材高大，身体素质优良，更在于人们热爱体育和尊崇体育。塞尔维亚孩子每天放学后都会参加体育活动，到了高中，他们每学期都要学一门新的运动，例如田径和足篮排项目。在学习一些攻防战术，了解体育竞技中哲理的同时，享受着陪伴他们成长中体育所带来的快乐。成为一名杰出的运动员是众多孩子的最大梦想，有些孩子对球类运动情有独钟，后来通过系统训练很早就步入职业体育道路。事实上不只是孩子，在塞尔维亚从小孩到大人都为体育运动而疯狂。

体育已成为塞尔维亚国家和民族的最好名片。

ABECEDNI REČNIK
总词汇表

A

adaptirati *-am svrš. i nesvrš.* 装修，使……适应 11A
aerobik *m.* 健美操 15B
aerodrom *m.* 飞机场 5B
Afrika *ž.* 非洲 1A
ako *vezn.* 如果 2B
akvarijum *m.* 养鱼缸；水族馆 11B
Albanija *ž.* 阿尔巴尼亚 4B
amater *m.* 业余爱好者 1A
ambijent *m.* 环境 13B
anketa *ž.* 民意调查，征求意见 12A
anketiran, *-a, -o prid.* 民意调查的 12A
Antarktik *m.* 南极 4A
Arktik *m.* 北极 4A
asistent *m.* 助教；助手 3A
atletika *ž.* 田径 1A
Australija *ž.* 大洋洲 1A
Austrijanac *m.* 奥地利人 7B
automatizacija *ž.* 自动化 15B
aviokompanija *ž.* 航空公司 2B
Azija *ž.* 亚洲 1A

B

badminton *m.* 羽毛球 15B
badnjak *m.* 圣诞树（橡树枝）9A
bakterija *ž.* 细菌 15A
banka *ž.* 银行 3B
Bar *m.* 巴尔（黑山港口）5A
baviti se *-im nesvrš.* 从事 1B
bazen *m.* 游泳池 6B
Beč *m.* 维也纳 5B
belančevina *ž.* 蛋白质 13A
besplatan, *besplatna, -o prid.* 免费的，无偿的 5A
besplatno *pril.* 无偿地，免费地 6B
bezbedno *pril.* 安全地 6B
bezbrojan, *bezbrojna, -o prid.* 无数的 13A
biciklizam *m.* 自行车赛 1A
biljka *ž.* 植物 11B
bitan, *bitna, -o prid.* 重要的，实质的 13A
blizu *pril.* 临近，不远 3B
blokiran, *-a, -o prid.* 被封锁的，被封闭的 2B
bojiti *-im nesvrš.* 把……染色 9A
boriti se *-im nesvrš.* 斗争 8A
bos, *-a, -o prid.* 光脚的 14B
Božić *m.* 圣诞节 9A
brak *m.* 婚姻 9A
bronzan, *-a, -o prid.* 铜的 1A
brzina *ž.* 速度 13B
bučno *pril.* 喧哗地，嘈杂地 6B
budan, *budna, -o prid.* 苏醒的 15A
Budimpešta *ž.* 布达佩斯 5B
Bugarska *ž.* 保加利亚 4B
buka *ž.* 喧闹 2A
bulevar *m.* 大路，林荫道 8A
bunar *m.* 井，水井 7A

C

celer *m.* 芹菜 13B
celina *ž.* 整体 4B
cena *ž.* 价格 5A

ceremonija ž.	仪式，典礼 14A	direktno pril.	直接地 13A
ciklus m.	循环；周期 15A	disciplina ž.	项目；纪律 1A
civilizacija ž.	文明 8B	dnevno pril.	每日 6B
crkva ž.	教堂 7A	doba s.	季节；时代 4A
crtež m.	图画，图形 14A	dobijati -am nesvrš.	得到，获得 1A
cvetati -am nesvrš.	开花 4A	dobitnik m.	获奖者，获胜者 12A
		dobrotvorka ž.	女慈善家 5B
		dočekivati dočekujem nesvrš.	接待；迎接 10A

Č

časopis m.	杂志，期刊 12A	dodir m.	连接；接触 4B
časovnik m.	钟，表 15A	događaj m.	事件 8A
česnica ž.	圆形大面包（传统节日时吃的一种）9A	dokolenica ž.	长筒袜子 14A
		dokument m.	文件；证件 3B
čiji, -a, -e zam.	谁的 5A	dolina ž.	河谷 4B
Čile m.	智利 1B	dom m.	家；住宅 11A
činiti -im nesvrš.	使成为；组成 12A	domaćica ž.	女主人 9A
čistiti -im nesvrš.	打扫，清洁 6B	domaćin m.	东道主；主人 1A
čokolada ž.	巧克力 9B	domaćinstvo s.	家务；家政 11B
čudotvoran, čudotvorna, -o prid.	神奇的，有奇效的 7A	dominirati -am nesvrš.	高高耸立；占主导地位 7B
čuvati -am nesvrš.	保护；保卫 9B	dosada ž.	无聊，厌烦 12B
čuven, -a, -o prid.	著名的 4B	dosadno pril.	无聊地，厌烦地 12B
		dostojanstven -a, -o prid.	令人尊敬的；庄重的 14B

D

daljina ž.	远处；远程 8B	dozvoliti -im svrš.	允许，许可 6A
dama ž.	女士；夫人 14A	dremati -am nesvrš.	打盹 15A
današnji -a, -e prid.	现在的；今天的 7B	dres m.	队服 1B
deca zb. im.	儿童，小孩 6A	Drina ž.	德里纳河 6A
dečak m.	小男孩 3A	družiti se -im nesvrš.	同……交朋友 9B
dekoracija ž.	装饰，装饰品 11A	drveće s. zb. im.	树木 4A
delo s.	著作，作品；事业 8A	držati držim nesvrš.	拿着，握着 7A
deo m.	部分 6B	dubina ž.	深度 7A
detalj m.	细节 14A	duša ž.	心灵；灵魂 10B
dete s.	儿童，小孩 6A	dvor m.	宫廷，皇宫 7B
devojčica ž.	小女孩 3A		
dijabetičar m.	糖尿病患者 13B	## DŽ	
dijamant m.	钻石，宝石 14B	džemper m.	毛衣 4B
diploma ž.	毕业证 3B	džep m.	口袋 14A
diplomat(a) m.	外交官 14A	džeparac m.	零花钱 12A

džins *m.*	牛仔服 14B	gojiti *-im nesvrš.*	使发胖；培育 13B
		goreti *gorim nesvrš.*	燃烧 1A
Đ		gostionica *ž.*	客栈，饭馆 7B
đak *m.*	中/小学生 3A	gostoljubiv, *-a, -o prid.*	好客的 10A
		govedo *s.*	牛 4B
E		Grac *m.*	格拉茨（奥地利城市名）8B
Edison *m.*	爱迪生 8B	graditi *-im nesvrš.*	建造，建设 11A
efikasan *efikasna, -o prid.*	有效率的 8B	gradivan, *gradivna, -o prid.*	构成的 13A
elegancija *ž.*	优雅，雅致 14B	gradnja *ž.*	建设；建筑 2A
elektrotehnika *ž.*	电工技术 8B	građanin *m.*	市民 6B
Evropa *ž.*	欧洲 1A	gramatičar *m.*	语法学家 8A
		gramatika *ž.*	语法 8A
F		grana *ž.*	树枝；分支 4A
fabrika *ž.*	工厂 4B	graničiti se *-im nesvrš.*	交界 4B
faktor *m.*	因素 13A		
farbanje *s.*	染色 9A	**H**	
farmerice *ž. mn.*	牛仔裤 14B	hidratacija *ž.*	水合作用 13A
faza *ž.*	阶段 15A	hidrocentrala *ž.*	水电站 8B
finansije *ž. mn.*	财务；金融 11B	hlad *m.*	阴凉处；凉爽 10B
frizura *ž.*	发型 14A	hladovina *ž.*	阴凉处 2A
fudbal *m.*	足球 1B	hobi *m.*	业余爱好；嗜好 12A
funkcija *ž.*	功能；职能 15A	hodnik *m.*	走廊 11B
funkcionalan, *funkcionalna, -o prid.*	实用的，功能性的 11A	hram *m.*	寺庙，寺院 9A
		hraniti *-im nesvrš.*	喂食；养活 6B
G		**I**	
gajiti *-im nesvrš.*	饲养；栽培 4A	idealan *-a, -o prid.*	理想的；完美的 10A
gasiti *-im nesvrš.*	熄灭 9B	igračka *ž.*	玩具 12A
gazda *m.*	主人；老板 6A	ikona *ž.*	圣像 9B
generacija *ž.*	一代（人）3A	imućan, *imućna, -o prid.*	富有的 5B
gimnastika *ž.*	体操 1A	indeks *m.*	记分册；目录 3B
gimnazija *ž.*	中学 3A	indirektno *pril.*	间接地 13A
glas *m.*	语音；声音 8A	instalacija *ž.*	装置，设备安装 11B
gledalac *m.*	观众 1A	ipak *vezn.*	毕竟，仍然 12B
gnezdo *s.*	房子；巢穴 10B	ishrana *ž.*	饮食 13A
godišnji, *-a, -e prid.*	一年的，年度的 4A	isključiti *-im svrš.*	切断；排除 8B
godišnjica *ž.*	周年 9A	ispavati se *-am svrš.*	睡够，睡足 15A
gojazan *gojazna, -o prid.*	肥胖的 13B	ispitivanje *s.*	考察研究；询问 6A

ispitivati *ispitujem* nesvrš.	考察研究；询问 6A	kalorija ž.	卡路里，热量 13A
isplesti *ispletem* svrš.	编；编造 10B	kamen *m.*	石头 7B
isploviti *-im* svrš.	启航 10B	kandidat *m.*	候选人 3B
ispred *predl.*	在……前面 2A	kao *vezn.*	以及；像……一样 13A
Istanbul *m.*	伊斯坦布尔 5B	kapija ž.	门，大门 7A
istinski *pril.*	真实地，真正地 10B	karakterisati *karakterišem* svrš. i nesvrš.	表示……特点 13A
istoričar *m.*	历史学家 7B		
istorija ž.	历史 1B	karijera ž.	职业生涯 11B
istovremeno *pril.*	同时 7A	kavez *m.*	笼子 6B
izaći *izađem* svrš.	出来 2B	kažnjavati *-am* nesvrš.	惩罚 9B
izbalansiran *-a, -o prid.*	平衡的 13A	Kelt *m.*	凯尔特人 7B
izgrađen *-a, -o prid.*	被建造的 8B	kelj *m.*	甘蓝 13B
izgubiti *-im* svrš.	丢失；失利 6A	klupica ž.	小长椅 6B
izlečiti *-im* svrš.	治愈 13A	knez *m.*	大公，公爵 5B
izletište *s.*	郊游地，游览地 10A	knjižara ž.	书店 3B
izložen, *-a, -o prid.*	展览的，展示的 8A	književnost ž.	文学 8A
iznad *predl.*	在……上面 7A	kofer *m.*	旅行箱 5A
izneti *iznesem* svrš.	搬出；提出 5A	količina ž.	数量 13A
izreka ž.	格言，名言 13A	kombinovati *kombinujem* svrš. i nesvrš. 结合 11B	
izvor *m.*	泉源；来源 7A	komitet *m.*	委员会 1A
izvoziti *-im* nesvrš.	出口 4B	kompleks *m.*	复合体；综合建筑体 7A
		komplikovan, *-a, -o prid.*	复杂的 12B
J		kompromis *m.*	妥协，让步 11A
jahanje *s.*	骑马 10A	koncentrisan, *-a, -o prid.*	注意力集中的 13A
jakna ž.	女士外套；夹克 14B	konobar *m.*	餐厅服务员 13B
jedinstven, *-a, -o prid.*	唯一的；独特的 6B	Konstantin *m.*	康斯坦丁 5B
jednak, *-a, -o prid.*	相同的；同等的 3A	Konstantinopolj *m.*	君士坦丁堡 5B
jednoličan, *jednolična, -o prid.*		kontinent *m.*	大洲 1A
	千篇一律的，单一的 13A	konzerva ž.	罐头 2A
jelovnik *m.*	菜单 13B	koristan, *korisna, -o prid.*	有益的，有利的 11B
jesen ž.	秋季 4A	koristiti *-im* nesvrš.	利用 2B
jezero *s.*	湖泊 10A	košarka ž.	篮球 1B
Jugoslavija ž.	南斯拉夫 14B	košarkaš *m.*	篮球运动员 1B
južnoslovenski, *-a, -o prid.*	南部斯拉夫的 7B	Kotor *m.*	科托尔（黑山沿海城市）5A
		kralj *m.*	国王 7A
K		kravata ž.	领带 14A
kaiš *m.*	皮带 14A	kreator *m.*	设计师，发明者 14B
kajmak *m.*	浓奶油 4B	kretati *krećem* nesvrš.	启动；行动；动身 2A

kriza ž.	危机 12B	**M**	
krojenje s.	裁剪 14A	mač m.	剑 7A
krug m.	环；圆圈 1A	mačak m.	公猫 6A
kruna ž.	皇冠 10B	mačka ž.	猫 6A
kucanje s.	撞击；敲打 9A	Mađarska ž.	匈牙利 4B
kukuruz m.	玉米 4A	majmun m.	猴子，猿猴 6B
kula ž.	塔；瞭望塔 7A	manekenka ž.	女时装模特 14B
kupalište s.	游泳场 10A	masnoća ž.	脂肪 13A
kutak m.	小角落 10B	mast ž.	油脂；膏 13A
		medalja ž.	奖牌 1A
		medicina ž.	医学 5B
L		međunarodni, -a, -o prid.	国际的 1A
laboratorija ž.	实验室 8B	međusobno pril.	互相地 9A
lađa ž.	船 10B	menjati se -am nesvrš.	改变，变化 4A
lavić m.	小狮子 6B	metro m.	地铁 2A
lečiti -im nesvrš.	治病，医治 9B	minđuša ž.	耳环 14A
legenda ž.	传说，传奇 1A	mineral m.	矿物 13A
lekovit, -a, -o prid.	药用的，能治病的 7A	ministar m.	部长 5B
lepota ž.	美丽 14B	mir m.	平静；和平 10A
let m.	航班 2B	miran mirna, -o prid.	安静的；和平的 6B
leti pril.	在夏季 4A	miš m.	老鼠；鼠标 6A
leto s.	夏季 4A	mišić m.	肌肉 15B
letovati letujem nesvrš.	度夏 10A	mišljenje s.	看法，意见 12A
ležati ležim nesvrš.	躺下 15A	mladunac m.	幼崽 6B
ličnost ž.	人物 8A	mogućnost ž.	可能性 11A
linija ž.	线路 2A	moment m.	时刻；瞬息间 12B
list m.	树叶；页；报纸 10B	moreplovac m.	航行者 9B
lišće s. zb. im.	树叶 4A	motorcikl m.	摩托车 2B
liturgija ž.	礼拜，弥撒 9A	mozak m.	大脑，头脑 15A
lopta ž.	球 1B	mračan, mračna, -o prid.	黑暗的，昏暗的 11B
luksuzan, luksuzna, -o prid.	豪华的，奢侈的 10A	mršav, -a, -o prid.	瘦的，瘦弱的 6A
lutka ž.	裁缝用的人体模型；玩具娃娃 14A	muka ž.	痛苦；折磨 15B
		muzej m.	博物馆 5B
LJ			
ljubav ž.	爱情；热爱 11B	**N**	
ljubimac m.	宠物 6A	nad predl.	在……之上 7A
ljubitelj m.	爱好者 1A	nadimak m.	绰号，外号 5B
		nagrada ž.	奖励，奖金 1A

nagrađivati *nagrađujem* nesvrš.	奖励 9B	**O**	
najesti se *najedem* svrš.	吃饱 10B	oaza *ž.*	绿洲 10A
nameštaj *m.*	家具 11B	obavezan, *obavezna, -no prid.*	义务的 3A
naočare *ž. mn.*	眼镜 14B	obed *m.*	日餐 13A
napetost *ž.*	紧张；压力 15B	obezbediti *-im svrš.*	保证，保障 13A
napolju *pril.*	在外面 15B	običaj *m.*	风俗，习惯 8A
napraviti *-im svrš.*	制造，制作 6B	objahati *objašem svrš.*	骑（马）10B
naprotiv *pril.*	相反 15A	objašnjenje *s.*	说明，解释 14A
napuštati *-am nesvrš.*	离开；放弃 3A	objavljivan, *-a, -o prid.*	被发表，被刊登 5B
naročito *pril.*	特别地 1B	oblast *ž.*	地区；领域 4A
naručiti *-im nesvrš.*	点菜；订购 13B	oblik *m.*	形式；形状 15B
naselje *s.*	居住区，居民区 7B	obrazac *m.*	表格 3B
nasmejan, *-a, -o prid.*	微笑的 14B	obrazovanje *s.*	教育 3A
nastati *nastanem svrš.*	出现，产生 7B	obrok *m.*	一顿饭 13A
nastaviti *-im svrš.*	继续 2B	ocena *ž.*	考试分数；评价 3B
nastavnica *ž.*	女教师 3A	očekivati *očekujem nesvrš.*	预料；期望 12B
nastavnik *m.*	教师 3A	očistiti *-im svrš.*	打扫干净，使清洁 12A
naučnik *m.*	科学家 8B	odabrati *odaberem svrš.*	挑选，选出 15B
nauka *ž.*	科学 6A	odatle *pril.*	从那里 1A
nažalost *pril.*	遗憾地 5A	odbacivati *odbacujem nesvrš.*	抛弃；扔掉 12A
nedeljno *pril.*	每周 6B	odbojka *ž.*	排球 1B
nedostatak *m.*	缺点，不足 11A	odeljenje *s.*	部门，分部；隔间 8A
nekadašnji, *-a, -o prid.*	从前的，过去的 14B	odevanje *s.*	穿着 14A
nemoćan, *nemoćna, -o prid.*	体弱的；无能为力的 5B	odgovarati *-am nesvrš.*	回答 3B
		odličan, *odlična, -o prid.*	优秀的 1B
nervirati se *-am nesvrš.*	焦躁，坐立不安 15A	odlika *ž.*	特点；优点 4A
nervoza *ž.*	精神紧张，焦躁 10A	odlomak *m.*	片段，一段 10B
nestati *nestanem svrš.*	消失 2A	odneti *odnesem svrš.*	拿走，带走 6A
nevreme *s.*	坏天气 2B	odnos *m.*	关系 6A
nezgoda *ž.*	倒霉事，不顺心事 15B	odrasti *odrastem svrš.*	长大，成长 10B
ni *vezn.*	既不……，也不…… 6B	odrediti *-im svrš.*	指定，确定 1A
Nijagara *ž.*	尼亚加拉 8B	određen, *-a, -o prid.*	确定的 15A
Niš *m.*	尼什（塞尔维亚城市名）5B	održan, *-a, -o prid.*	举行的 1A
niti *vezn.*	也不…… 10B	održavanje *s.*	维护，保养 11A
niz *m.*	一系列 13A	održavati *-am nesvrš.*	举行 1A
normalno *pril.*	正常地 2B	oduševljen, *-a, -o prid.*	兴奋的，热烈的 12B
nositi *-im nesvrš.*	穿；拿 1B	oduvek *pril.*	向来，从来 10A
novosadski, *-a, -o prid.*	诺维萨德 5B	odvojen, *-a, -o prid.*	分开的；单独的 11A

okružen, -a, -o prid.	被环绕的，被包围的 11A	**P**	
okupljati se -am nesvrš.	集合，聚集 1A	paliti -im nesvrš.	点燃 1A
Olimpija ž.	奥林匹亚（地名）1A	palma ž.	棕榈 2A
olimpijski, -a, -o prid.	奥林匹克的 1A	pamtiti -im nesvrš.	记住，记得 13A
omogućiti -im svrš.	使……成为可能 8B	panj m.	树墩 10B
opao, opala, -o prid.	枯萎的，凋落的 10B	pansion m.	包食宿 5A
opasan, opasna, -o prid.	危险的 6B	parkirati -am svrš. i nesvrš.	停车 2A
opisivati opisujem svrš.	描述；描绘 14A	pas m.	狗 6A
opremiti -im svrš.	装备，配备 11A	pasivan, pasivna, -o prid.	消极的，被动的 11B
opremljen, -a, -o prid.	装备好的，配备好的 11A	pasoš m.	护照 3B
oprostiti -im svrš.	原谅 10B	patent m.	专利，专利权 8B
optimalan optimalna, -o prid.	最好的，最有利的 13A	Peleponez m.	伯罗奔尼撒（地名）1A
		penjanje s.	登高，攀登 10B
opušteno pril.	放松地 9B	penjati se penjem nesvrš.	攀登，登高 10B
organizam m.	机体；生物体 13A	period m.	期间；期限 2B
organizovati organizujem svrš. i nesvrš.	组织，组成 12A	perla ž.	珍珠 14A
		pesma ž.	歌，诗歌 5B
osetljiv, -a, -o prid.	敏感的，敏锐的 11B	pesnik m.	诗人 5B
osnovan, osnovana, -o prid.	建立的，创立的 6B	pešačenje s.	步行 15B
osnovati osnujem svrš.	建立；创建 1A	pisac m.	作家 5B
ostareo, ostarela, -o prid.	年迈的 10B	plakar m.	壁橱 11B
ostati ostanem svrš.	继续是，仍然是 11A	planinarenje s.	登山 15B
ostaviti -im svrš.	抛弃；放置 6A	plata ž.	工资；薪酬 12A
ostrvo s.	岛屿 10A	plaža ž.	海滩 5A
ostvaren -a, -o prid.	被实现的 8B	plivanje s.	游泳 15B
osvajati -am nesvrš.	获得 1B	ploviti -im nesvrš.	航行 7B
osvojiti -im svrš.	获得 1B	pobeda ž.	胜利 7A
otkako pril.	自从……起 10B	pobednik m.	胜利者 1A
otkazivati otkazujem nesvrš.	取消 2B	pobrati poberem svrš.	采摘 10B
otkriće s.	创造，发明 8B	pod m.	地面，地 11B
otkucavati -am nesvrš.	敲，打 15A	podatak m.	资料 1A
otmen, -a, -o prid.	显贵的；优雅的 14B	podela ž.	区分；颁发 4A
otploviti -im svrš.	航行而去 10B	podeljen, -a, -o prid.	被分为 15A
otpornost ž.	抵抗力 15B	podignut -a, -o prid.	建成的 10A
otvaranje s.	打开；开幕 6B	poen m.	分数 3B
ovca ž.	绵羊 4B	pogača ž.	圆形大面包 9A
		pogodan, pogodna, -o prid.	适宜的 4B
		pohađati -am nesvrš.	上学，上课 5B

poigrati -am svrš.	玩一会儿；跳一会儿 10B	potreban, potrebna, -o prid.	需要的；必须的 3B
pojačavati -am nesvrš.	加强 11B	povećanje s.	增加 15B
pojaviti se -im svrš.	出现 10B	povezan, -a, -o prid.	被连在一起的 11A
pojavljivati se pojavljujem nesvrš.	出现 10B	povoljan, povoljna, -o prid.	有利的，合适的 4B
pokretan pokretna, -o prid.	可移动的，活动的 11B	povratak m.	返回；归还 5A
		povrediti se -im svrš.	受伤 15B
pokušavati -am nesvrš.	尝试 15A	površina ž.	面积 4B
pokvariti se -im svrš.	变坏；出毛病 2A	pozdravljati -am nesvrš.	问候 9A
polagati polažem nesvrš.	通过考试 3B	pozitivan, pozitivna, -o prid.	积极的 12A
polazak m.	出发，动身 5A	pozivati -am nesvrš.	邀请；呼吁 12A
polaziti -im nesvrš.	上学；出发 3A	Prag m.	布拉格 8B
politički, -a, -o prid.	政治的 5B	prastar -a, -o prid.	古老的
položiti -im svrš.	通过考试 3B	pratiti -im svrš.	关注；陪同 1A
pomagati pomažem nesvrš.	帮助 5B	pravilan, -a, -o prid.	正确的，合乎规则的 13A
pomerati -am nesvrš.	挪动，移动 11B	pravilo s.	规则；规章制度 8A
ponašati se -am nesvrš.	行为，举止 12B	pravljenje s.	制作 12A
poneti ponesem svrš.	随身携带，捎带 12A	pravo s.	法律；权利 5B
ponovo pril.	又一次，再次 10B	pravopis m.	正字法，书写规则 8A
popeti se popnem svrš.	爬上，登上 10B	pravoslavni -a, -o prid.	东正教的 8B
porasti porastem svrš.	长高；增长 10B	praznik m.	节日 9A
pored predl.	除……之外；在……旁边 6B	praznovati praznujem nesvrš. 过节，庆祝节日 9A	
porez m.	税 7B		
poseban, posebna, -o prid.	特别的；个别的 4A	preći pređem svrš.	走过，通过 5A
poseći posečem svrš.	砍下，切下 10B	pred predl.	在……前面 15A
posetilac m.	参观者；访问者 6B	predah m.	间歇；喘气 6B
posetiti -im svrš.	参观；访问 6B	predati -am svrš.	提交；转交 3B
poslovica ž.	谚语 8A	predgrađe s.	市郊，郊区 11A
poslušati -am svrš.	听从，听话 10B	prednost ž.	优势；特权 11A
poslužiti -im svrš.	招待；效劳 9B	predsednik m.	总统，主席 14B
posmatrati -am nesvrš.	观察，观看 10A	predstavljati -am nesvrš.	代表；意味着 7A
posto pril.	百分之…… 12A	preduslov m.	先决条件；前提 13A
postojati postojim nesvrš.	存在 4B	pregrađen, -a, -o prid.	被隔开的，被隔断的 10A
posvećen, -a, -o prid.	奉献的，给予的 8A	prelep, -a, -o prid.	非常漂亮的 6B
pošto vezn.	因为，由于 1B	prenositi -im nesvrš.	传递；转移 1A
poštovanje s.	敬意 12A	prepoznati -am svrš.	认出；重新认识 14A
potom pril.	然后 10B	preskakati preskačem svrš.	跳过，越过 13A
potpetica ž.	鞋后跟 14A	presrećan, presrećna, -o prid.	非常幸福的 6A
potpuno pril.	完全地 11A	preuređen, -a, -o prid.	改建的，重新整理的 11A

prevesti *prevedem. svrš.*	翻译；引导 5B	rat *m.*	战争 7A
previše *pril.*	过多地，过于地 11B	razlikovati *razlikujem nesvrš.*	区别，识别 11A
preživeti *-im svrš.*	经受过，经历过 12B	razmišljati *-am nesvrš.*	考虑，思考 1B
priča *ž.*	故事 6A	raznobojni, *-a, -o prid.*	各种颜色的 1A
prijateljstvo *s.*	友谊 12B	raznolikost *ž.*	多样性 13A
prijaviti *-im svrš.*	报名 3B	raznovrstan *raznovrsna, -o prid.* 各种类型的，各种各样的 14A	
prilika *ž.*	场合，机会 14A		
pripremiti *-im svrš.*	准备，预备 12A	razumevanje *s.*	理解 12A
priroda *ž.*	自然 11A	razvod *m.*	离婚；分开 12A
pristalica *ž.*	拥护者 14A	razvoj *m.*	发展 8A
privatan, *privatna, -o prid.*	私人的，私有的 12B	realizovati *realizujem svrš. i nesvrš.*	实现 2A
privlačiti *-im nesvrš.*	吸引 10A	reći *rečem, reknem svrš.*	说 10B
probuditi *-im svrš.*	唤醒，叫醒 15A	reformator *m.*	改革者，革新者 8A
prodati *-am svrš.*	卖，出售 10B	regenerisati *regenerišem svrš. i nesvrš.* 使再生，使复原 15A	
produžiti *-im svrš.*	延长 2A		
proizvoditi *-im nesvrš.*	生产 4B	rekreacija *ž.*	休闲运动；消遣 1B
proizvođač *m.*	生产者，厂家 8B	remetiti *-im nesvrš.*	扰乱，打乱 15A
prolaznik *m.*	路人 10A	reprezentacija *ž.*	国家代表队 1B
proleće *s.*	春季 4A	republika *ž.*	共和国 4B
pronalazač *m.*	发明家 8B	rezervacija *ž.*	预订 13B
pronalazak *m.*	发明，发明成果 8B	rimski, *-a, -o prid.*	罗马的 7A
prosveta *ž.*	教育 5B	rob *m.*	奴隶 12A
pršuta *ž.*	熏火腿 4B	rođak *m.*	亲属，亲戚 9B
psihički *pril.*	心理的 15B	rudnik *m.*	矿 4B
psiholog *m.*	心理学家 15A	rukav *m.*	衣袖 14B
pšenica *ž.*	小麦 4A	rukavica *ž.*	手套 14B
ptičica *ž.*	小鸟 6B	rukomet *m.*	手球 1B
pustinja *ž.*	沙漠 4A	rukometaš *m.*	手球运动员 1B
putnik *m.*	旅行家；旅客 5B	Rumunija *ž.*	罗马尼亚 4B
		rvanje *s.*	摔跤 1A

R

radost *ž.*	高兴，快乐 9A	**S**	
radostan, *radosna, -o prid.*	高兴的，快乐的 9A	sačuvati *-am svrš.*	保护；保存 12B
rakija *ž.*	白酒 9B	sadržati *sadržim svrš. i nesvrš.*	包含，具有 13A
raskošan *raskošna, -o prid.* 奢侈的；丰盛的 14A		sagraditi *-im svrš.*	建造，修建 10B
rasporediti *-im nesvrš.*	安排；分配 15A	sakupljati *-am nesvrš.*	收集 8A
rast *m.*	生长 13A	salata *ž.*	沙拉菜；生菜 9B
rasti *rastem nesvrš.*	生长；增加 4A	samovati *samujem nesvrš.*	孤独生活 10B

san *m.*	睡眠；梦 15A	slava *ž.*	圣名日；光荣 9A
sandala *ž.*	凉鞋 14B	slaviti *-im nesvrš.*	庆祝；赞美 9A
sanjati *-am nesvrš.*	做梦 15A	slomiti *-im svrš.*	折断 15B
saobraćaj *m.*	交通 2A	slovenski *-a, -o prid.*	斯拉夫的 7B
saobraćajac *m.*	交通警察 2A	slovo *s.*	字母 8A
saobraćajni, *-a, -o prid.*	交通的 2A	složen, *-a, -o prid.*	复杂的，复合的 15A
sastajalište *s.*	会合地方，会面地 14A	služba *ž.*	圣礼；服务 9A
sastojak *m.*	成分 13A	služiti *-im nesvrš.*	招待；效劳 9B
sastojati se *sastojim nesvrš.*	由……组成 5B	smanjenje *m.*	减少，减小 15B
satirički, *-a, -o prid.*	讽刺的 5B	smatrati *-am nesvrš.*	认为 12A
savetovati *savetujem svrš i nesvrš.*	建议，劝告 15A	smejati se *-em nesvrš.*	笑；开玩笑 9B
		smenjivati *smenjujem nesvrš.*	替换，代替 15A
savladati *-am svrš.*	克服；掌握 15A	smešan, *smešna, -o prid.*	可笑的，滑稽的 14A
savremen *-a, -o prid.*	现代的，当代的 11A	smetati *-am nesvrš.*	打扰，妨碍 11A
savremenik *m.*	同时代人；当代人 8B	smeti *smem nesvrš.*	可以；敢于 11B
sebičan *sebična, -o prid.*	自私自利的 6A	smrt *ž.*	死亡；灭亡 8B
semestar *m.*	学期 3B	snimanje *s.*	拍摄；录音 12B
sendvič *m.*	三明治 12A	sociologija *ž.*	社会学 3B
senzacija *ž.*	奇闻，轰动 12B	sopstven, *-a, -o prid.*	私有的；自己的 8B
shvatanje *s.*	见解，观念 12A	specijalan, *specijalna, -o prid.*	特别的，专门的 13B
shvatiti *-im svrš.*	理解，懂得 13A		
simbol *m.*	象征；标志 7A	specijalitet *m.*	特色菜；特点 12A
simbolično *pril.*	象征性地 1A	splav *m.*	木筏，木排 10A
simbolisati *simbolišem svrš. i nesvrš.*	象征着 11B	spolja *pril.*	从外面 11A
siromašan, *siromašna, -o prid.*	贫穷的 5B	sportist(a) *m.*	运动员 1A
sirotište *s.*	孤儿院 5B	sprečiti *-im svrš.*	阻止 13A
sistem *m.*	体系，系统 3A	Srbin *m.*	塞尔维亚人 9B
sjaj *m.*	豪华；光亮 14A	srce *s.*	心，心脏 10A
skakati *skačem nesvrš.*	跳跃，蹦跳 15B	srebrn, *-a, -o prid.*	银的 1A
skladan, *skladna, -o prid.*	相符的；得体的 11B	sredina *ž.*	环境；中间 14A
skriven, *-a, -o prid.*	隐蔽的，隐藏的 10B	srednjoškolac *m.*	中学生 3A
skroman, *skromna, -o prid.*	简陋的；谦虚的 11A	sresti *sretnem svrš.*	遇见，碰见 12B
skupocen, *-a, -o prid.*	昂贵的 14A	stablo *s.*	树干 10B
skupština *ž.*	议会 8A	staza *ž.*	跑道；道路 1A
slabljenje *s.*	削弱，减弱 15B	stidljiv, *-a, -o prid.*	害羞的，腼腆的 6A
sladak *slatka, -o prid.*	甜的，甜蜜的 13A	stil *m.*	风格；文体 14B
slama *ž.*	麦草；草垛 11A	stipendista *m.*	奖学金者 3B
slan, *-a, -o prid.*	咸的 13A	streljaštvo *s.*	射击 1A

stručnjak *m.*	专家 15A	
struja *ž.*	（电）流 2A	
stvoren, *-a, -o prid.*	建造的，创造的 10A	
sudar *m.*	碰撞 2A	
Sunce *s.*	太阳 4A	
super *prid. pril.*	最棒的；最好地 12A	
suprug *m.*	丈夫 12B	
supruga *ž.*	妻子 12A	
sused *m.*	邻居 11A	
susret *m.*	相遇；会见 12B	
sušan, *sušna, -o prid.*	干的，干旱的 4A	
suv, *-a, -o prid.*	干燥的；干旱的 11B	
suviše *pril.*	过于，多余 13A	
svečan, *-a, -o prid.*	庄重的，隆重的 9A	
sveća *ž.*	蜡烛 9A	
sveštenik *m.*	牧师，神父 8B	
sveti, *-a, -o prid.*	神圣的 7A	
svetlo *s.*	灯，灯光 2A	
svetlost *ž.*	光线；灯光 4A	
svinja *ž.*	猪 4B	
svoj, *-a, -e zam.*	自己的 4A	

Š

šampion *m.*	冠军 1B	
šaren, *-a, -o prid.*	多种花色的，五颜六色的 13A	
šešir *m.*	礼帽，帽子 14B	
šetalište *s.*	散步场所 7A	
šetati *-am nesvrš.*	散步 6B	
šivenje *s.*	缝纫 14A	
školarina *ž.*	学费 3B	
školovanje *s.*	教育 3A	
školovati se *školujem nesvrš.*	受教育 3A	
šljivovica *ž.*	李子酒 13B	
šoping *m.*	购物 10A	
štititi *-im nesvrš.*	保护，保卫 11A	

T

tadašnji *-a, -e prid.*	那时的 8B
takmičar *m.*	参赛者 1A
takmičenje *s.*	比赛 1A
takmičiti se *-im nesvrš.*	比赛；竞争 1A
teći *tečem nesvrš.*	进行；流淌 15A
tek *pril.*	刚刚；仅仅 8B
tekst *m.*	文章；课文 5B
telo *s.*	身体；机构 13A
tenis *m.*	网球 1A
teniser *m.*	网球运动员 1B
teretana *ž.*	健身房 15B
testo *s.*	面团 9A
tigrić *m.*	小老虎 6B
tih, *-a, -o prid.*	安静的，幽静的 13B
tim *m.*	队，队伍 1B
tip *m.*	类型，样式 11A
tišina *ž.*	安静，寂静 2A
titula *ž.*	头衔；冠军 1B
tok *m.*	期间；流向 9A
toliko *pril.*	如此多地；如此 8B
topao, *topla, -o prid.*	温暖的；热情的 10A
toplota *ž.*	热能；热情 4A
toranj *m.*	塔 10A
torba *ž.*	包，袋子 5A
tradicionalan, *tradicionalna, -o prid.*	传统的 9A
trafika *ž.*	小杂货店 2B
trajati *trajem nesvrš.*	进行；持续 3A
trčati *-im nesvrš.*	跑步 1A
trema *ž.*	怯场；紧张 3B
trener *m.*	教练 1B
trenirati *-am nesvrš.*	训练，练习 15B
trenutno *pril.*	暂时；即刻 8B
trgovac *m.*	商人 5B
trgovati *trgujem nesvrš.*	经商，贸易 7B
tribina *ž.*	观众台；讲坛 10A
tropski, *-a, -o prid.*	热带的 4A
truditi se *-im nesvrš.*	努力，力图 9A
tugovati *tugujem nesvrš.*	怀念，思念 10B
Turčin *m.*	土耳其人 7B

turist(a) *m.*	游客 10A	upustvo *s.*	指南，说明书 15B
turnir *m.*	巡回赛 1B	urediti *-im svrš.*	布置，整理 11B
TV-ekran *m.*	电视荧光屏 1A	urednik *m.*	编辑 5B
tvrditi *-im nesvrš.*	肯定，确定 15A	uređaj *m.*	设备，装备 8B
		uređen, *-a, -o prid.*	整理的，收拾好的 10A

U

		uređenje *s.*	布置；制度 11B
ubediti *-im svrš.*	说服，使信服 13B	usisivač *m.*	吸尘器 12A
ubrati *uberem svrš.*	摘；收集 10B	Uskrs *m.*	复活节 9A
ubrzo *pril.*	迅速地，快速地 6B	uslov *m.*	条件 3B
učestvovati *učestvujem svrš. i nesvrš.*		usluga *ž.*	服务，效劳 13B
	参加，加入 15B	uspeh *m.*	成功 1B
učiniti *-im svrš.*	做出；组成 10B	uspešan, *uspešna, -o prid.*	成功的 3B
učitelj *m.*	老师 3A	uspeti *uspem svrš.*	来得及；成功 3B
učiteljica *ž.*	女老师 3A	uspraviti se *-im svrš.*	挺直，伸直 10B
udaljen, *-a, -o prid.*	距离的，远距离的 10A	usrećiti *-im svrš.*	使……幸福 10B
udariti *-im svrš.*	撞，敲打 15B	uticaj *m.*	影响 11B
udoban, *udobna, -o prid.*	舒适的；适宜的 14A	uticati *utičem nesvrš.*	有影响，起作用 11B
ugledati *-am svrš.*	看见，看出 10B	uzak *uska, -o prid.*	窄的；紧的 11B
ugrožavati *-am nesvrš.*	威胁 15B	uzimati *-am nesvrš.*	取，拿 7A
ujedno *pril.*	同时 10A	uzorak *m.*	样品，样本 14A
ukazati *ukažem svrš.*	展示；指出 13B	uzrok *m.*	原因 13B
uključiti *-im svrš.*	接通；使……列入 8B	užina *ž.*	加餐 13A
ukrašen, *-a, -o prid.*	装饰的，美化的 14B	uživati *-am nesvrš.*	享受 5A
ukućanin *m.*	家人 9A	užurbanost *ž.*	匆忙，仓促 10A
uloga *ž.*	角色；作用 12A		
um *m.*	智力；心里 15B	## V	
umeren, *-a, -o prid.*	温暖的；温和的 4A	vaterpolist(a) *m.*	水球运动员 1B
umesto *predl.*	取代，代替 10A	vaterpolo *m.*	水球 1B
umetnik *m.*	艺术家 7A	vatra *ž.*	火炬；火 1A
umreti *umrem svrš.*	去世；消失 8A	vazduh *m.*	空气 2A
uniforma *ž.*	制服；礼服 14A	važan, *važna, -o prid.*	重要的 1A
unositi *-im nesvrš.*	拿进，搬进 9A	večan, *večna, -o prid.*	永恒的，长久的 4A
upala *ž.*	发炎 15B	većina *ž.*	大部分 8B
upis *m.*	登记；注册 3A	vegetarijanski, *-a, -o prid.*	素食的，吃素的 13B
upisati se *upišem svrš.*	报考；注册 3B	vek *m.*	世纪 7B
upisivati *upisujem nesvrš.*	报考；注册 3A	veran, *verna, -o prid.*	忠诚的；确实的 6A
uplatiti *-tim svrš.*	支付；付清 3B	verovati *verujem nesvrš.*	相信，信任 7A
upravo *pril.*	恰好；其实 10A	verski, *-a, -o prid.*	宗教的；信教的 9A

veslanje *s.*	划船 1A	
vezan, *-a, -o prid.*	相连的，相关的 9A	
vežba *ž.*	练习 3B	
vežbati *-am nesvrš.*	练习，训练 15B	
virus *m.*	病菌 15A	
visina *ž.*	高度 7A	
vitalan, *vitalna, -o prid.*	富有活力的，精力充沛的 15A	
vitamin *m.*	维生素 13A	
vladati *-am nesvrš.*	统治；掌握；充满 14A	
voditi *-im nesvrš.*	通往；率领 8A	
vodopad *m.*	瀑布 8B	
vojska *ž.*	军队 7A	
vozač *m.*	驾驶员 2B	
vozilo *s.*	车辆 2B	
voziti se *-im nesvrš.*	乘坐 2B	
vredno *pril.*	勤劳地，勤奋地 10B	
vrsta *ž.*	种类；物种 6B	

Z

zabava *ž.*	娱乐 1B
zabavljati se *-am nesvrš.*	玩耍，娱乐 10B
zabeležen, *-a, -o prid.*	被记载的 7B
zaboraviti *-im svrš.*	忘记 3B
začinjen *-a, -o prid.*	加调料的 13A
zadrhtati *zadršćem svrš.*	开始发颤，颤抖起来 10B
zagađenje *s.*	污染 15B
zagonetka *ž.*	谜语 8A
zahtevati *-am nesvrš.*	要求；希望 14A
zajednički, *-a. -o prid.*	共同的 12A
zamišljati *-am nesvrš.*	设想，想象 10B
zanimanje *s.*	职业 1B
zapisivati *zapisujem nesvrš.*	记录 15A
zaposlen, *-a, -o prid.*	就业的 12A
zarađivati *zarađujem nesvrš.*	挣钱；赢得 12A
zaspati *zaspim svrš.*	入睡 15A
zastava *ž.*	红旗 1A
zaštititi *-im svrš.*	保护，保卫 11B
zauzimati *-am nesvrš.*	占据 4B
završavati *-am nesvrš.*	结束；完成 3A
završiti *-im svrš.*	结束；完成 3A
zbližavati *-am nesvrš.*	使亲近，使靠近 15B
zbog *pred.*	由于，因为 11A
zdravstven, *-a, -o prid.*	健康的，卫生的 13B
Zemlja *ž.*	地球 4A
zid *m.*	墙面，墙 11A
zidina *ž.*	城墙 6B
zima *ž.*	冬季 4A
zlatan, *zlatna, -o prid.*	金的 1A
zmaj *m.*	龙 5B
značajan, *značajna, -o prid.*	重要的；有代表性的 7A
znak *m.*	标记，标志；特征，特点 4A
znamenitost *ž.*	景点；名胜 10A
znatno *pril.*	显著，重要 8B
zvaničan, *zvanična, -o prid.*	正式的 9A
zvono *s.*	钟声 9A

Ž

želja *ž.*	愿望，心愿 5B
željan, *željna, -o prid.*	愿意的，渴望的 12B
ženstven, *-a, -o prid.*	女人气质的；温柔的 14B
žetva *ž.*	丰收 4A
žitarice *ž. mn.*	谷物 13B
žito *s.*	麦粥；谷物 9A
živina *ž.*	家禽 4B
životinja *ž.*	动物 6A
žurba *ž.*	慌忙，仓促 15B
žuriti *-im nesvrš.*	匆忙；赶路 2A